电子商务
经典案例分析

王红红 著

·北京·

在互联网蓬勃发展的大背景下,"互联网+"行业涌现出了大批优秀的电子商务企业,它们或是电子商务模式的创新者,或是资本市场炙手可热的新宠,或是人们的生活方式和消费习惯的变革者,因为它们的存在,互联网和生活更加紧密地结合在了一起。

本书由创新篇、模式篇和行业篇组成,选取了19个电子商务经典案例,对每一个案例进行了由浅入深、图文结合的全方位阐述。

本书具有较强的实用性,适合互联网行业相关人员、电子商务从业者以及对"互联网+"行业感兴趣的读者阅读。

图书在版编目(CIP)数据

电子商务经典案例分析/王红红著. —北京:化学工业出版社,2020.2(2022.8重印)
ISBN 978-7-122-35842-4

Ⅰ.①电… Ⅱ.①王… Ⅲ.①电子商务-案例 Ⅳ.①F713.36

中国版本图书馆CIP数据核字(2019)第278216号

责任编辑:蔡洪伟　　　　　　　　　　　文字编辑:林　丹
责任校对:王　静　　　　　　　　　　　装帧设计:王晓宇

出版发行:化学工业出版社(北京市东城区青年湖南街13号　邮政编码100011)
印　　装:北京科印技术咨询服务有限公司数码印刷分部
710mm×1000mm　1/16　印张 9¼　字数151千字　2022年8月北京第1版第2次印刷

购书咨询:010-64518888　　　　　　　售后服务:010-64518899
网　　址:http://www.cip.com.cn
凡购买本书,如有缺损质量问题,本社销售中心负责调换。

定　价:40.00元　　　　　　　　　　　　　　　版权所有　违者必究

前　言

2015年，国务院发布《关于大力发展电子商务加快培育经济新动力的意见》，意见中指出，近年来我国电子商务领域发展迅猛，不仅创造了新的消费需求，引发了新的投资热潮，开辟了就业增收新渠道，为大众创业、万众创新提供了新空间，而且电子商务正加速与制造业融合，推动服务业转型升级，催生新兴业态，成为提供公共产品、公共服务的新力量，成为经济发展新的原动力。国家全面支持电子商务发展，做大、做强中国电子商务市场是大势所趋。

随着互联网的快速发展，中国经济迎来了新的机遇和挑战，无论是互联网新兴企业，还是面临向互联网转型的传统企业，在互联网思维下，都充满了新生的活力和对未来美好的憧憬。创新必不可少，模式推陈出新，蓝海时有开辟，红海竞争残酷，但在互联网大潮下永远有藏匿着的未知市场。

本书选取了19个经典易懂、具有代表性的电子商务案例，从平台的发展轨迹到经营模式分析与创新提炼，秉持由浅入深的原则，用权威数据、图文结合的方式对每一个案例进行了解读，力求对读者有所启发，为相关从业者提供可借鉴的经验。

本书具有如下特点：

（1）**本书结构体系完整，从创新、模式和行业三方面选取案例。**编者根据十几年的电子商务从业经验，并参考了相关平台的信息，选取了全面、参考价值较大的19个案例。

（2）数据力求权威，内容全面客观。 电子商务具有发展快的特点，使数据瞬息万变。因此，为了追求数据的准确性，大部分数据来源于专业的互联网调研公司。关于案例中平台的发展，更多地参考了平台本身的数据和内容。

（3）分析到位，适用范围广。 根据编者的从业经验和一些参考资料，对本书中19个案例都进行了深入的分析。不管你是相关从业者，还是对电子商务感兴趣的人，相信读完本书，都会有所收获！

在编写本书的过程中，查阅了大量的资料。为了让读者更全面地读懂案例，从平台官网上截取了部分公开图片，从电子商务专业数据分析平台上参考了很多数据，对网上信息的提供者和研究成果的完成者在此表示衷心感谢！

最后，编者虽竭尽全力，但书中难免有疏漏和不妥之处，恳请读者批评指正，不吝赐教！

编　者

2019年10月

目 录

上篇 创新篇

第1章 电子商务对世界的改变

案例1 移动互联网社交型拼单：拼多多 ………………………… 2
案例2 学习也有了好帮手：作业帮 ………………………… 9
案例3 新零售时代楷模：小米 ………………………… 14

第2章 电子商务与传统企业的博弈与融合

案例1 自营＋大牌制造商的全新结合：网易严选 ………………… 22
案例2 互联网制造企业生态：海尔顺逛商城 ………………… 28
案例3 钢铁全产业链电商：找钢网 ………………… 33

中篇

模式篇

第3章 电子商务的本质还是贸易

案例1 电子商务最大的价值锚是免费：淘宝网 ……………………… 42
案例2 自营式电商综合平台：京东商城 ……………………… 49
案例3 天天特卖：唯品会 ……………………… 58

第4章 电子商务让综合服务更强

案例1 幸存下来的团购网：美团网 ……………………… 65
案例2 出行中短租民宿预订平台：小猪短租 ……………………… 73

下篇

行业篇

第5章 旅游类

案例1 中国领先的在线旅行平台:携程网 ············· 82
案例2 简单旅游使命平台:途牛旅游网 ············· 92
案例3 出行前的指南针:马蜂窝 ············· 97

第6章 金融类

案例1 互联网金融大鳄:支付宝和余额宝 ············· 102
案例2 P2P网贷平台:拍拍贷 ············· 109
案例3 专注实体空间融资的众筹平台:多彩投 ············· 116

第7章 其他类

案例1 电子商务商业帝国:阿里巴巴 ············· 125
案例2 会讲故事的生鲜电商平台:本来生活 ············· 133

上篇

创新篇

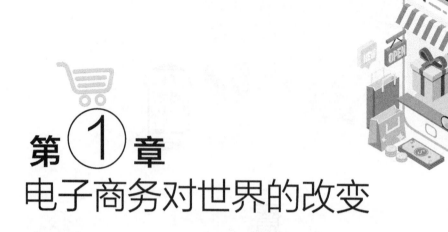

第1章
电子商务对世界的改变

案例1 移动互联网社交型拼单：拼多多

2018年7月26日，纳斯达克证券交易所的上市钟被拼多多敲响，这个在当时已经拥有了3亿用户的新电商开拓者其实只成立了3年。也就是说，这家创立于2015年9月的"新电子商务平台"，仅仅用了3年的时间就完成了上市的华丽转变。它上市的速度快如闪电，大家熟知的阿里巴巴用了5年，唯品会用了8年，京东用了10年！截止到2018年12月，拼多多已拥有3.855亿用户和200多万商户，平台年交易额超过3448亿元，迅速发展成中国第三大电商平台。

以下为拼多多主要的发展事件，发展数据如图1-1所示。

2015年9月，曾供职于Google（谷歌）的黄峥创立了拼多多；

2016年9月，拼多多与拼好货正式宣布合并，用户总量突破了1亿大关；

2017年9月，拼多多用户突破2亿；

2018年6月，不到1年时间，拼多多用户新增1亿，达到3亿；

2018年7月，拼多多在上海和纽约同时上市，正式登陆纳斯达克；

2018年10月，小米、国美电器等500多家知名品牌入驻拼多多。

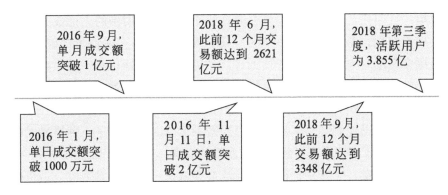

图1-1 拼多多发展数据

一、被誉为新电商平台

拼多多被业界称为新电商平台，通过独特的"拼凑"新模式，将传统电商的"人找货"，转变成了"货找人"，实现了B2C（Business to Customer，商对客电子商务模式）向C2B（Customer to Business，消费者对企业模式）的转变。拼凑(bricolage)，百度百科的解释是"指把零碎的东西放在一起"。更专业一些的解释应该是指以组合运用资源的方式，快速应对眼前的新问题和新机会。拼多多的创业团队运用拼凑创造出了一个新电商模式。它既有团购电商的影子，也有游戏的特征。这种双面属性让拼多多具备了"新"的电商平台身份——新电商平台。

拼多多实现了B2C向C2B的转变，指的是拼多多借助社交拼团创新了一种C2B的新型团购模式。拼多多将陈旧的团购模式重新创新，改变了传统团购由商家提供统一入口的无差别折扣价的团购方式，取而代之的是以由消费者自主拼团进而获取不同优惠价的团购方式。在拼多多的C2B新型团购模式中，用户可以单独以高价购买商品，也可以发起团购或者以参团的形式用优惠价格团购到商品。因此，拼多多式的团购是需要用户主动去拼凑的团购。拼多多买家只要在24小时之内成功组团，便能以较低的拼单价格买下商品。另外，买家发起的拼单信息可以由买家分享到微信朋友圈等社交平台以吸引参团者，以方便其他人参团，这种方式是实现拼凑人数爆炸式增长的关键因素之一。

拼多多与传统团购不同的理念还表现在社交性上。这种社交关系链的营销原理并不难：找到第一批用户，形象地称之为"羊圈里的第一批羊"，通过物质、红包或现金等激励手段，让他们通过自己的社交关系去影响周围的人形成第二批用户,第二批用户再去通过社交关系影响周围的人形成第三批用户,周而复始,最终形成裂变效应,客户数量激增,实现销量突破。另外,由于拼多多平台上销量较大的抽纸等产品价值低、价格优势明显、客户对其品牌依赖性低等因素的影响,使得拼多多式的"是朋友就来砍一刀"的拼单模式大受欢迎。

拼多多的迅速崛起与其新电商模式密不可分,它创新了一种拼凑式的团购模式,抓住了消费者"拼到就是赚到"的心理。

对于消费者,尤其是价格敏感型消费者来说,价格因素是决定是否成交的最重要因素。低价营销是以低价来赢得消费者的关注,进一步开拓和占领市场的营销策略。根据网络时代的新理论——长尾理论,三、四、五线城市人口的购买力汇聚在一起的力量甚至可以媲美一、二线城市,他们的购买力和购买力增速已经明显超过一、二线城市人口。拼多多的崛起正是瞄准了长尾的尾部需求,采用农村包围城市的商业战略,以低价营销来满足低端需求市场,从效果来看,拼多多在三、四线及其以下城市所占用户的比例也较大。

价格敏感型用户会为了几十元的价格优惠,运用开团或者参团的形式自愿分享拼多多的拼单信息。"砍价免费拿"这个环节,更是受到消费者的热捧,成为2017年、2018年的电商新玩法。在这个环节,用户可以邀请亲朋好友帮忙砍价,一直砍到价格为0,用户免费获得产品为止。不花钱"买"到的商品,虽然不是什么高档或名牌的产品,但正如黄峥所说,"拼多多的核心不是便宜,而是满足用户占便宜的心理"。通过朋友分享的拼单邀请或砍价邀请,更多的价格敏感型消费者接触到拼多多,拼多多的用户突破速度之快也就不足为奇了,正如拼多多广告词所说:"多实惠,多乐趣!"

如图1-2所示为用户使用拼多多的原因。

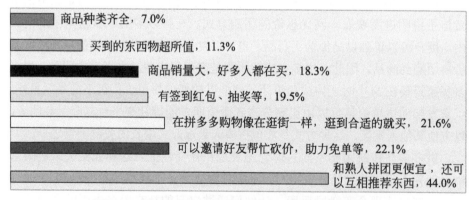

图1-2 用户使用拼多多的原因(数据来源于企鹅智库)

拼多多的"新"不仅表现在拼单的模式上，还表现在用游戏理念来做电商的思维上。拼多多是由游戏公司孵化出来的，当年，黄峥创立的游戏公司把最核心的员工抽调20多人出来，将游戏公司之前赚的钱投到新项目拼多多上。游戏理念应用在拼多多平台，专注于用户应该如何第一次接触到平台，如何在平台上进行互动，怎么筛选出适合这种玩法的用户等问题。"新人1元购""砍价免费拿""拆红包""边逛边赚""天天领现金""大奖必中"等环节，几乎都带有一些娱乐消遣的性质，充满游戏的趣味，并能借助微信分享，扩散给更多人。黄峥认为，电商公司跟游戏相比有一个思路是有差别的，他不认为进来的所有用户都是他的，始终在试图寻找适合这个玩法的用户，他寻求的是玩法的迭代和更新。

资深投资人赵超（子柳）这样评价拼多多的"套路"：拼多多这个平台值得研究，里面很多功能都直击人心。①新用户登录进来先给个红包，然后分享才能领取。②很多商品都显示还剩一人即可成团，买下来之后提醒你需要再拉一个用户。③每天推出很多新品，第一个发起拼团的人免单。④你看了不买的商品，每天给你推送提醒。⑤滚动显示"×××又拼团成功一单"，制造热闹氛围。⑥限时秒杀、签到领奖、各种节庆优惠，让你欲罢不能。⑦一个SPU（Standard Product Unit，标准产品单位）设定多个SKU（Stock Keeping Unit，库存量单位），列表页显示最低价格，等你选中心仪的SKU，价格并不便宜。

二、抓住流量入口，做高频商品

另外，拼多多善于抓住流量入口。2016年7月和2018年4月，拼多多在B轮和C轮融资中都获得了腾讯投资，拼多多成了腾讯大家族的成员，获得微信推广的优惠和"白名单"。微信作为一个社交软件，其地位不可估量，国内至今为止还没有出现第二个可以在社交领域代替微信的APP，可以说微信成了我们社交的一个主要在线工具。拼多多和腾讯的合作使得拼多多可以利用微信这个优势平台发布自身的活动，而且通过客户浏览APP或者微信公众号的搜索分析出客户的多个数据，从而推送一些客户需要的产品（见图1-3）。正是由于微信社交流量的高黏性和低商业化，拓展成本相对较低，拼多多才能通过微信的8.89亿活跃用户快速获得大规模分销，从而实现用户的裂变增长。

图1-3 微信APP中的拼多多入口

拼多多选择高频商品来增加用户黏性。很多产品经理人都深谙一个道理：一个好的产品，必须是刚需、痛点加高频。刚需就是刚性需求，用户特别想要的，甚至非要不可的商品，就属于刚需产品。吃饭是刚需，但吃外卖却不是刚需。什么是痛点呢？痛点是互联网界很喜欢使用的一个词语，著名产品人梁宁说痛点是恐惧。痛点是指用户急需要解决而还未得到满足的点。例如，一个人粒米未进、饥饿难耐的状态就是他的痛点，一个汉堡或一个面包此时就是能解决他痛点的产品，而一个名牌包包却不会激起他的购买欲望。拼多多解决痛点时不拖泥带水，甚至连"购物车"这种传统电商的标配都不提供，因为几乎都包邮，消费者不需要考虑在"购物车"中凑单的问题。那么高频商品和低频商品有什么区别呢？高频商品具有较高的使用频率，在生活中会经常使用；反之，使用频率较低的商品则被称为低频商品。例如，婚纱就是典型的低频商品，因为人一生中购买婚纱的次数屈指可数。为什么说拼多多选择的是高频商品呢？拼多多和拼好货合并前，拼好货是做快消品水果起家的，本质上是一个生鲜类的自营平台。所以说，拼多多靠食品起家（2018年第一季度占比13.94%），而大家熟知的京东靠数码产品起家（2018年第一季度占比24.36%），淘宝主要靠服装起家（2018年第一季度占比16.39%）。合并后的拼多多，在"限时秒杀""断码清仓"等模块，还是会把高频商品作为主推重头戏,如抽纸、袜子、水果等。例如,新注册的拼多多用户,第一次收到的优惠里肯定少不了"特价抽纸"这种生活中使用频率极高的商品。因此,用户使用拼多多的次数高于京东、淘宝等电商平台,但客单价却低于后两者(见图1-4)。

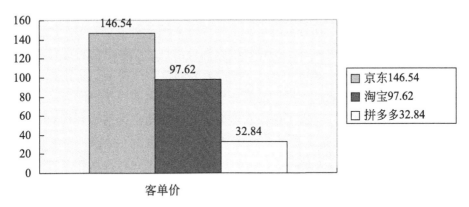

图1-4　2017年客单价对比(单位:元,数据来源于企鹅智库)

"发个商品,送个店铺"——拼多多的开店流程就是这么简单。淘宝、京东等传统电商平台以品类为运营单位,唯品会以品牌为运营单位,但拼多多却是以拼单的单个商品为运营单位。

三、拼多多与精准扶贫

拼多多把平台与精准扶贫紧密结合起来,使得偏远地区的农产品从田间地头直接送到了消费者手中。既解决了农产品的滞销问题和下行问题,又通过社交式的自我传播,让更多的人关注到滞销农产品,让订单产生裂变式增长,造就了很多农产品品牌。

贫困村通过拼多多"触网"的故事主角有:陕西竹园村的马铃薯、山西临县的黄河滩枣、云南的小黄姜、新疆库尔勒的香梨、陕西华山脚下的青皮核桃、河北深州鸭梨、四川眉山东坡柑橘等。下面以陕西华山脚下的青皮核桃为例,重温拼多多精准扶贫行动的个例成果。2017年7月5日晚8点,拼多多上的"陕西邮政精准扶贫官方店"正式上线了助农扶贫公益产品——"来自华山脚下的青皮核桃"。描述是这样的:5斤装的青皮核桃,单果果径30～50毫米,前900份拼单价只要14.4元。活动一经发布,立即引发抢购风潮,50万斤核桃很快售罄,拼多多的这次扶贫行为受到了国家发改委的关注,在国家发改委官网上专门发文肯定了此模式。

在2017年，陕西竹园村的马铃薯竟然成了"网络红人"，150吨马铃薯全部售罄。由于网销量大导致缺货，周围贫困村的马铃薯全被调集了过来，但依旧供不应求。贫困县是如何"触网"的呢？截至2019年5月，全国共有485个国家级贫困县，陕西省商洛市商州区就是其中一个，竹园村是该区的一个贫困小村庄，半数以上都是贫困户，主要经济来源于种植马铃薯。竹园村地处秦岭大山深处，交通闭塞，年轻村民大都外出打工，剩余的村民每年都要为马铃薯的销路苦恼。2017年6月，在拼多多的全力扶持下，马铃薯被搬到了网上销售，拼多多通过"拼"的商业模式，在短时间内聚集海量需求，迅速消化掉大量马铃薯，突破了中国农业分散化的制约，为偏远乡村的农产品创造出了一条直达3.8亿消费者的快速通道。短时间内，全国消费者便"承包"了村子里的全部马铃薯，让每位村民增收1000多元。2018年，竹园村及其周边的田地里种满了马铃薯，成熟后的一个月，这些农家马铃薯再次断货。

拼多多的扶贫新模式，让新疆吐鲁番的哈密瓜48小时就能从田间直达消费者手中，价格比批发市场还便宜；河南中牟县的大蒜，打包卖到了北京，价格只有北京超市的四分之一；"爱心助农"的优质山西黄河滩枣在2017年的销量达到2000多吨，带来收入1200万元……产自偏远地区，曾一度滞销的农产品，很多通过拼多多打开了销售之路！在这条快速通道上，拼多多通过"一起拼农货"，帮助了很多滞销的农产品打开了电商销路。人民日报用这八个字赞同拼多多式扶贫：电商助农，多多益善！

据拼多多发布的《2018扶贫助农年报》显示，2018年度，拼多多平台农产品及农副产品订单总额达到了653亿元，国家级贫困县的商户（注册地）数量已经超过了14万家，全年累计诞生了13款销售超百万的农货产品。

中国社会科学评价研究院院长荆林波认为，拼多多依托社交关系推进电商发展，将同类兴趣的顾客细分并聚集，依托体验实现自我传播，能够下沉聚集到三、四线城市乃至农村市场，与传统电商相比，拼多多的模式在精准扶贫中能有效地发挥作用，给行业做了一个很好的佐证。

四、在打假行动上勇往直前

拼多多为了自身长远发展着想，一直投身于打假行动。拼多多一直执行电商行业最严的"假一赔十"标准，并严格要求合作商家货要对版、按时发货。数据显示，2017年，拼多多主动下架了1070万件疑似侵权商品，将95%

的售假商家拒之门外，设立了1.5亿元消费者保障基金，帮助消费者处理售后纠纷并维权索赔。除此之外，拼多多大量投放电视和网络广告，其目的之一就是为了在消费者心目中积累更多好口碑。

聚划算是天猫商城品牌产品的团购，美团主要是服务团购（如餐饮、美容美发团购等），而拼多多盯上的是低价的实物团购。随着移动互联网的快速发展，尤其是农村互联网普及率的提高，加之社会物流能力的提升和低消费人群不断扩张的消费需求，作为上市公司的拼多多机遇与挑战并存。拼多多为低消费人群"画像"的同时，进行消费升级，组织重构，寻求转型，它无疑是一家值得大家期待的电商公司。

参考文献

[1] 拼多多官网. https://www.pinduoduo.com/index.html.
[2] 陈梦妮."拼多多"为何能快速崛起. 中国联通研究院，2019.03.10.
[3] 大众网. 拼一单陕西青皮核桃，和拼多多一起助农扶贫献爱心. http://www.dzwww.com/xinwen/guoneixinwen/201707/t20170703_16117554.htm?spm=zm5129-001.0.0.1.3cANh2，2017.07.03.

案例2　学习也有了好帮手：作业帮

"上一秒母慈子孝，下一秒鸡飞狗跳"，这很贴切地形容了中国家长辅导孩子作业时的状态，辅导作业成了为人父母"最大的痛"。对于家有中小学生的中国家长来说，"作业帮"App并不陌生，它是科技改变生活的实证，是信息化学习的领军角色。

2014年1月15日的作业帮安卓版（Android）正式发布，它是一款移动端综合高效学习平台。出生于1982年，硕士毕业于北京大学的侯建彬，是作业帮的创始人兼CEO（首席执行官）。

作业帮主要的发展历程如下：

2015年9月2日，作为百度"航母计划"的一部分，作业帮从百度分拆出来独立运营，成立了小船出海教育科技（北京）有限公司。

2015年1月16日，在作业帮上线一周年之际，推出全新4.0版本，着力推出"拍照搜题"功能。

2015年10月26日,作业帮的实时在线答疑功能已经进入公测阶段,免费体验用户达到十万人。

2016年7月7日,作业帮直播课功能全面上线。

2017年8月,作业帮C轮融资由H Capital、老虎基金领投,红杉资本、君联资本、GGV(纪源资本)、襄禾资本等早期投资公司全部跟投,这是K12(学前教育至高中教育的缩写)在线教育领域迄今为止最大规模的单笔融资。

2018年7月,在线教育品牌"作业帮"完成了3.5亿美元D轮融资。

一、K12在线教育品牌

K12或K-12,是kindergarten through twelfth grade的缩写,"K"代表kindergarten(幼儿园),"12"在中国代表从小学一年级到高中毕业的12年中小学教育,K12是国际上对学前教育至高中教育的通称。K12教育是一个非常大的"蛋糕",艾瑞咨询数据显示,2017年中国中小学在线教育市场规模为298.7亿元,2019年年底将达648.8亿元(见图1-5)。据统计,中国在校中小学生数量为1.6亿~1.8亿人,教师数量在1100万人左右,师资水平在各地区分布不均匀,尤其在中小城市教育资源相对落后。

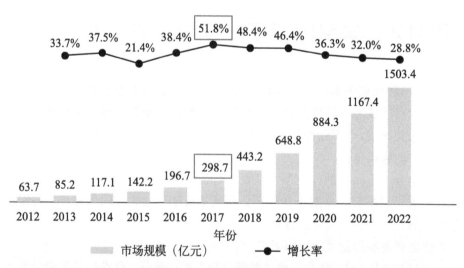

图1-5 中国K12在线教育市场预计规模及增长率(数据来源于艾瑞咨询)

作业帮无疑是K12在线教育的佼佼者,是这一领域的"流量霸主"。自2016年以来,作业帮长期占据各App Store(应用程序商店)教育品类榜首,据mUserTracker（移动用户行为监测）数据显示，作业帮、小猿搜题、一起作业学生端保持在K12在线教育行业月度独立设备数排名前三的位置。目前作业帮累计用户已经超过4亿，在华为应用市场中，作业帮下载次数在2019年初已累计达到6亿多次，作业帮拍照搜题的市场份额占K12在线教育平台总额的70%以上。

作业帮的使用者身份有3个：学生、家长和老师。在作业帮学生版中，学生可以在作业帮中拍照搜题、搜索作文、查询单词、学习作业帮一课（直播课）、参加1对1辅导等。除此之外，学生还可以通过作业帮平台进行图书阅读、试卷练习等，目的就是在家学习时，可以自我检测、自主检查、自主学习。作业帮家长版的"口算批改""作文搜索""听写"等功能，能够进一步协助家长及时解决学生的课业问题。比如，对于小学生口算练习，家长就可以使用"口算批改"功能，只需用手机扫描学生作业，就能迅速显示作业的批改结果，并给出相应的错题讲解。作业帮家长版还能通过长期跟踪学生的学习情况，通知家长跟进，充分发挥大数据的优势。另外，其上线的"成长学院"板块，涵盖了教育方法、教育理念等针对中国家长的教育课程，对改善亲子关系和提高家长教育能力等有重要指导意义。作业帮教师版不同于作业盒子等教学平台，它不是教师布置作业的利器，而是教师给学生答疑解惑、单独辅导的辅助工具，申请成为在线辅导教师，可以利用碎片化时间辅导需要在线解答疑问的学生，平台按月结算工资。

二、打造教学闭环

从目前来看，课外辅导教育领域是刚需。而对于三四线及其以下城市来说，存在教育资源相对匮乏、分配不均，入名校竞争激烈等现实问题，使得线上教育成为很多普通家庭的选择。从拍照搜题到练习模拟考试，再到在线答疑、1对1辅导、直播授课，作业帮一直致力于打造一个在线的教育闭环。

1. 拍照搜题

在拍照搜题功能上，作业帮无疑稳坐头把交椅。对于数学、语文、英语、物理、化学、生物中不会的题目，学生只需要利用手机的拍照功能拍下题目上传，作业帮就会给出题目答案，而且还有详细的解题过程分析，学生遇到难题时的需求痛点迎刃而解。

虽然拍照搜题方便快捷，但也存在着弊端。学生直接用拍照搜题功能抄答案的现象成为这一应用的"原罪"，作业帮成为自觉性差、易偷懒学生的"作业神器"，因此，这类软件受到部分家长和老师的指责。拍照搜题只是一个简单的工具而已，如何优化拍照搜题功能，让公众更关注它的正向价值是企业需要进一步解决的问题。另外，拍照搜题完全免费，其变现能力不足；实现语音搜题也是值得探究的问题。

2. 1对1辅导

拍照搜题功能虽然能解决学生遭遇难题时的需求痛点，但对一部分学生而言，他们还需要个性化辅导，而1对1辅导功能正好满足这一需求。例如，看完答案依旧迷茫的学生可以继续点击"问老师"，付费请在线的老师解答，这就是1对1辅导的随问随答优势。1对1辅导挑战了传统的1对1家教辅导，时间更灵活，资源选择更多，在线答疑按时间收费相比传统家教费用更低。因此，拍照搜题+1对1辅导的功能完成了"作业+辅导"的教育闭环。

如何保证1对1辅导的师资水平？如何深度挖掘用户数据来做精准匹配和营销？辅导的效果可控性如何实现？这些都应该是1对1辅导应深究的问题。

3. 作业帮一课（原作业帮直播课）

2016年7月7日，作业帮直播课功能全面上线；2017年3月9日，作业帮直播课正式更名为"作业帮一课"。作业帮除了提供数学和语文学科的长期班在线直播外，还有针对性的专题课。除此之外，作业帮拿下新一轮3.5亿美元融资后，也转而发力少儿英语，推出了浣熊英语在线课程。作业帮直播课收取课时费的模式是目前教育领域App最成熟的内容付费模式之一。据统计，在用户规模上，2018年中国内容付费人数达到2亿人左右。因此，在线教育本质上属于内容付费，现在搭上了内容消费的船，行驶在更大的风口。

在线教育直播行业火热发展的同时，优秀的师资成了炙手可热的教育资源，也是在线教育直播最核心的竞争力之一，作业帮著名的"五三原则"，一度被称为教师选拔上最严苛的标准（见表1-1）。作业帮在发力直播课的同时，还应重点关注细分内容服务的问题：各地教材不统一，尤其是小学阶段，各地的中考要求也有较大区别，直播课的教材应该采用已有权威教材还是自主研发教材，定价能否根据消费群体加大自由选择力度，课程是否能够更细分化。

表1-1 作业帮一课教师选拔原则

原则	含义	内容
"五三原则"中的"五"	五层选拔	全国名校出身，5年以上教龄，学科功底测试，3轮业务面试，2轮课程试讲
"五三原则"中的"三"	3%	作业帮一课老师的录取率仅为3%

三、化蝶蜕变

互联网教育在资本市场是香饽饽，也是刚性需求，所以近几年被风险投资人看好。作业帮作为在线教育领域的领头羊，被多方看好，也一直受到风投市场的热捧（见表1-2）。

表1-2 作业帮融资历史

融资历史	时间	投资方	风投金额
A轮	2015年9月2日	红杉资本 君联资本	未披露
B轮	2016年8月18日	GGV 襄禾资本 红杉资本 君联资本	6000万美元
C轮	2017年8月	H Capital 老虎基金 红杉资本 君联资本 GGV 襄禾资本	1.5亿美元
D轮	2018年7月	Coatue Management 高盛集团 春华资本 红杉资本 GGV 襄禾资本 天图投资 NEA（New Enterprise Associates，恩颐投资） 泰合资本	3.5亿美元

虽背靠百度这棵大树，但作业帮仍面临着一定的压力，盈利困难和在线的优质资源不足是最明显的两个问题。

"说在教育行业赚不到钱我觉得是不应该的,但只考虑赚钱也是不应该的。作业帮今天六千多万MAU(月活跃用户数量)的体量想变现不是难事,但需要考虑是想昙花一现,还是想持续增长?"创始人侯建彬如是说。但只单靠直播课的课时费和1对1辅导的内容付费实现足够的变现,盈利压力仍然巨大。因此,探索成熟的商业变现模式是作业帮未来需要解决的问题。

作业帮已经从单一的拍照搜题发展为综合服务教学平台。现今构建教育生态体系,加大平台产品衍生已成趋势。作业帮因转型及业务拓展创立了浣熊英语在线课程。但少儿英语教育领域竞争激烈,除了已经做好布局的DaDa英语、51Talk、hellokid、VIPKID等品牌外,其他企业也开始在少儿英语教育领域"攻城略地"。如好未来旗下品牌学而思推出在线英语1对1产品VIPX;今日头条布局教育产业,上线在线少儿英语品牌gogokid。可见,面对竞争激烈的少儿英语教育红海赛道,作业帮旗下的浣熊英语是否能在赛道领跑,值得大家拭目以待。

参考文献

[1] 作业帮. https://www.zybang.com/.

[2] 百度百科. 作业帮词条. https://baike.baidu.com/item/%E4%BD%9C%E4%B8%9A%E5%B8%AE.

[3] 中国经济网. 作业帮联手北京师范大学等十所高校共建就业实习基地. http://www.ce.cn/xwzx/gnsz/gdxw/201901/10/t20190110_31226964.shtml.

[4] 艾瑞网. 搜题App往何处去?作业帮布局K12喜忧参半. http://column.iresearch.cn/b/201810/846838.shtml.

[5] 艾瑞网. 2018年中国K12在线教育行业研究报告. http://report.iresearch.cn/report/201805/3213.shtml.

案例3 新零售时代楷模:小米

说起小米,有太多的故事在外面流传,关于小米创业史的,关于小米创始人雷军的,关于小米转型的,关于小米之家的……

小米是由一群发烧友创立起来的,而小米公司是激发这些发烧友热情的助推剂,小米操作系统一周一迭代加速的模式是全球手机操作系统首创。

2008年，雷军提出互联网七字诀：专注、极致、口碑、快。专注和极致是指做产品的目标；口碑则是指互联网思维，即口碑为王；快是互联网行业准则。

在2013年，中国经济年度人物颁奖现场，雷军和董明珠打了一个赌。雷军表示，如果5年内小米的营业额无法击败格力，则输给董明珠一块钱。董明珠则直接回应"一块钱不要再提，要赌就赌10个亿"。重资产的格力与轻资产的小米的赌约后来常被媒体人提起。

小米的主要发展历程如下：

2010年4月6日，雷军创立了小米公司；

2010年8月16日，MIUI（米柚）内测版在没做任何营销活动的情况下，一年内粉丝达到50万人；

2011年7月12日，小米正式宣布进军智能手机市场；

2011年9月5日，小米网上线，小米手机开启预售模式；

2013年7月31日，小米发布红米手机；

2014年2月11日，小米入选美国商务杂志 *Fast Commpany*（《快公司》）"全球50大最具创新力企业"；

2014年11月11日，小米在"双11"活动中，手机的销量在天猫、京东、苏宁三大电商平台上皆为销量冠军；

2015年11月11日，小米在"双11"活动中，手机的销量在天猫、京东、苏宁三大电商平台上皆为销量冠军；

2016年3月29日，小米公司对小米生态链进行战略升级，推出全新品牌——MIJIA，中文名称为"米家"；

2017年11月14日，国际数据公司（IDC）最新调查数据显示，小米在印度市场份额排名第一，国际化突飞猛进；

2018年7月9日，小米集团在香港上市。

一、口碑为王，良好的口碑是最好的推广渠道

菲利普·科特勒将21世纪的口碑传播定义为：由生产者以外的个人通过明示或暗示的方法，不经过第三方处理、加工，传递关于某一特定或某一种类的产品、品牌、厂商、销售者，以及能够使人联想到上述对象的任何组织或个人信息，从而导致受众获得信息、改变态度，甚至影响购买行为的一种双向互动传播行为。

其实，依靠口碑营销的很多大公司都深谙其中的秘诀，Google公司表示：一切以用户为中心，其他一切纷至沓来。很多基于互联网的品牌更是深知口碑传播的重要性，"御泥坊""百草味""小狗电器"等一系列淘品牌都善用口碑传播。除此之外，在强大的网络传播力度下，朋友圈、微博等平台中的内容往往出现"一夜成名"的案例。例如，2019年春节前在朋友圈掀起热议的《啥是佩奇》短片，借助过大年这一中国传统习俗，在传播阖家团圆、温暖亲情的同时，也拉动了阿里出品的春节档电影《小猪佩奇过大年》的票房。据悉，《啥是佩奇》短片正是导演为宣传电影而拍摄的宣传片。

2010年8月16日，MIUI内测版发布时，用户只有100个，到了2011年8月小米手机发布时，MIUI的用户达到了50万个，这些用户都是小米的发烧友。那么，在没有其他营销方式的帮助下，这50万个发烧友是如何聚集的呢？靠的就是口碑传播，而且基本是免费的。MIUI的前50万个用户几乎都是在论坛上"发酵"的，MIUI开始是做刷机ROM（只读存储器），快速体验和美观的界面优于以往的安卓安装系统，这足以让用户在各种论坛上主动、狂热地帮忙传播。

小米对不同的网络宣传营销渠道分工明确（见图1-6），给予的定位不同，总结来说就是：微博拉新人、论坛沉淀用户、微信客户服务、官网销售。

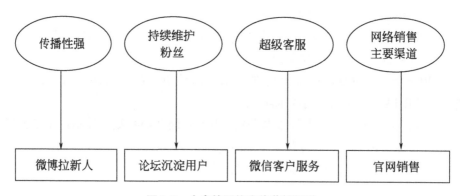

图1-6　小米的网络宣传营销渠道

口碑宣传依靠的是粉丝，而非铺天盖地的广告等。小米为了回报粉丝的厚爱和增加粉丝黏性，自2011年起，每年都会举办线下活动"爆米花年度盛典"，2012年4月6日开始，还有一年一度的"米粉节"。"爆米花年度盛典"就是把"米粉"们从全国各地邀请到北京的活动现场，跟小米公司创始人和管理团队一起拍照、玩游戏、吃饭等。重视粉丝才能让粉丝有参与感、有成就感。因此，活动现场铺上红地毯，装扮T型舞台，制作针对"米粉"的专门VCR（短片），给"米粉"们颁发专属他们的"金米兔"奖杯。

事实证明，不管是什么时代，什么境遇，只要人与人之间还存在交流和沟通，口碑就永远是最好的推广方式。只要口碑做得好，粉丝自然会把产品宣传给其他人。"口碑营销是小米最好的推广渠道"，雷军在接受媒体采访时多次这样说。

二、参与感，进而提升认同感

雷军认为，小米的创新在于汇聚了几百万用户的意见后，每周改进MIUI系统。小米就是一点一滴地把大家的意见汇聚起来，调动大家的力量来进行手机研发和改进的。因此，雷军不止一次强调：小米公司的产品不仅仅是小米的心血，也是数百万"米粉"一起贡献的作品，这种模式为"米粉"带来参与感。

随着产品越来越多，生活水平逐渐提高，人们对产品的要求也越来越高，而电商平台的最大弊端就是缺乏亲身体验感。消费者难免对产品产生不信任的态度，所以网购的人经常遇到的场景就是：网购鞋子时，鞋码往往拿不准，尤其是评价中各种说辞都有时，消费者往往就迷茫了，不敢下手购买了。

小米提倡的用户体验、用户参与正好弥补了电商销售的不足，能在一定程度上消除用户的担忧。用户在体验甚至参与设计产品后，不但自己购买，还会把体验后的感受分享给身边的人甚至网络上的人，带动更多的人来购买。小米在用户体验上是用心良苦的。小米电视发布时，为了突出它的外观设计，黎万强专门在发布会的体验区设计了8种色调，以此展示小米电视在不同使用场景中的效果，拉近产品和粉丝之间的距离，引发粉丝赞赏。

参与进来是体验经济的最大利器之一，是拉近消费者与产品距离的有效手段，只有在群体中找到存在感和荣誉感，大家才能更深切地感受到产品的美好，才能自主传播这种美好。那么，小米是如何提高参与感的呢？小米从产品设计到售后服务的每一个环节都将用户参与渗透其中，可以说，千方百计地让用户参与到产品生产的每一个环节，让用户的参与感最大化，是小米公司一直在做的事情。

小米公司给予用户极大的发言权，允许用户通过各种渠道发表自己的想法，甚至鼓励用户"吐槽"产品的各种问题，小米会及时收集这些信息并迅速改进。小米论坛（见图1-7）就是小米设计者们收集反馈声音的最主要渠道。MIUI团队成员要随时关注论坛，产品经理关注新功能建议，工程师关注已发布产品的用户反馈，了解用户对产品一些缺陷的改进意见。因此，这种"群众路线"的方法，让小米的产品功能越来越完善，越来越人性化。

图1-7 小米论坛

因为产品研发的特殊性，绝大多数企业的产品研发都采用封闭式的方法，用户是参与不到产品研发中去的。而小米公司恰恰相反，"米粉想要的，就是小米会做的"。小米在产品研发过程中，做不做某个功能，某个功能做到什么程度，如何改进等，这些问题很大程度上都是由十万甚至更多的粉丝推动的。小米的MIUI负责人洪峰说："很多的沟通是双向性的，需要给用户权力。"

在论坛上做营销，最重要的就是互动。在有影响力的论坛上引发话题，并对用户的讨论适时加以引导和启发，才能实现论坛营销的目的。

三、专注，把产品做到极致

雷军在一次演讲中曾说："少做一点事情，把这些事情做到极致，就是最好的策略。""只有专注，并且做到极致，才有机会做到世界第一"，这一直是雷军坚持的产品理念。在4年时间里，小米公司只做了6款手机，但销售额却屡创新高。

雷军将小米手机定位为"发烧友手机"，核心卖点是高配和低价的完美结合。2018年4月25日，小米公司董事会通过决议：从今天起，小米向用户承诺，每年整体硬件业务［包括手机、IoT（Internet of Things，物联网）和生活消费产品］的综合税后净利率不超过5%，如超过，我们将把超过5%的部分用合理的方式返还给小米用户。"小米并非想靠硬件营利，只是为了硬件、软件更完美地无缝契合，为用户提供更流畅极致的内容、服务，提升用户的手机端移动互联网体验"，从雷军的话中可见小米公司对产品的盈利定位。

这种产品理念在小米构建的智能生态链中也可见一斑。以紫米为例，该公司专注做移动电源，产品采用最高品质的原材料、最高品质的工艺，力争做到全球做好，而价格却没有很高。

小米手机实行低价策略，以做性价比高的手机为目标。

四、基于互联网构建智能生态链

2013年下半年,小米组建了一支完全由工程师组成的、毫无经验的投资团队,启动了小米生态链计划,这被称为小米的"二次创业",对比成熟的苹果公司,被认为是最拿得出手的差异化策略。那么小米构建的生态链体系到底是什么?雷军在2014年就对外公布:"今天我主要是关注小米生态链的建设,投资对我们来说只是工具和手段,更重要的是用资本的力量来帮助小米建立完善的软件、硬件、互联网服务的生态链,还有内容的生态链,所以整个是围绕建立生态链来投资的。大家看到我们好像天天都在投资,我总结一句就是,围绕小米生态链投资,只要小米起来了,生态链就能成,生态链的核心是帮助小米业务成长。"

据小米生态链谷仓学院所著的《小米生态链战地笔记》一书透露,小米生态链由近及远有三大投资圈层(见表1-3):第一圈层,小米手机周边产品,比如生产移动电源的紫米;第二圈层,智能硬件,如小米生态链首家上市公司华米,主要生产小米手环等智能穿戴产品;第三圈层,生活耗材,如毛巾、牙刷等。

表1-3 小米三大投资圈层

投资圈层	产品类别	产品	备注
第一圈层	手机周边产品	小米路由器、移动电源、车载充电器、自拍杆、耳机、小米移动电话卡等	小米手机的延伸产品,基本覆盖了手机端周边的大部分常用领域。例如,小米移动电源就是小米生态链中的紫米科技生产的
第二圈层	智能硬件	小米电视、笔记本电脑、音响、小米手环、平衡车、打印机、照相机、空调、扫地机等	小米用手机控制家庭中的其他智能设备,形成小米智能家居生态链
第三圈层	生活耗材	包、服饰、枕头、保温杯、伞、饰品、眼镜、毛巾等生活用品	小米利用自身的市场渠道、用户群、供应链管理、投资等资源能力,让这些生活耗材通过小米商城和"小米之家"进入人们的视线

小米的业务被人称为"铁人三角"商业模式:智能手机、小米生态链、物联网。截至2018年3月31日,小米物联网连接了超过1亿台设备(不包括手机和笔记本电脑),帮助小米成为全球最大的消费类IoT平台,覆盖了800多种产品和超过400家的合作伙伴,大到电视、空调、代步器,小到移动电

源、智能手环，小米提供的智能设备几乎已经覆盖生活的方方面面。如此快速的布局，相信智能产品必然会对传统产品造成冲击，利用米家App实现家居智能化已成为很多家庭的选择。

小米智能手机为占比最大的业务，快速布局小米智能链和物联网，从智能手机、智能家居入手，切入物联网终端，培养用户习惯。未来，智能设备的销量将会进一步增大。

五、线上、线下布局

在互联网大潮下，小米的线上营销无疑是成功的，善于借助互联网造势的本领也是毋庸置疑。2014年初，韩国电视剧《来自星星的你》火遍中国，剧中的台词"下初雪的时候，要吃炸鸡、喝啤酒"使得"啤酒+炸鸡"的套餐成了当时的流行语。

在该剧大结局播出的第二天，小米官方微博发布了一条消息："不管今天是否下雪，不管叫兽、二千结局如何，欢迎来自星星的你，免费吃炸鸡、喝啤酒，共庆小米2S直降400元！老板说了，喝醉的同学下午就不用上班了！见者有份，想来的请举手！"与此同时，"炸鸡+啤酒"系列的手机外壳上线，有了韩剧的热播和微博的酝酿，手机壳很快就被抢购一空。这就是典型的微博借势造势营销，而且成功了。

"小米之家"、授权体验店和专卖店、售后服务网点是小米线下布局的三颗"强大棋子"。

"小米之家"从2011年下半年开始建设，11月时七家"小米之家"同时开业，它们是小米公司的官方直营零售体验店，也是小米公司和用户面对面的一个重要平台和窗口，还是提供小米产品售前体验、售后与自提服务以及用户交流的场所。"小米之家"想要营造的是一种舒适、温暖的家的感觉。

在装修风格上，"小米之家"更倾向于像"家"的感觉，没有隔离开员工和客户的方形柜台，没有成排的塑料椅子，没有排队的人群，只有各种高科技的家居产品，布置成温馨的环境。除了体验产品、享受售后服务外，"米粉"们还可以在这里举办丰富的活动，工作人员会提供细腻的舒心服务。例如，国际妇女节会给进店顾客准备鲜花；下雨天会提供雨伞、可以来小米之家打印资料；腊月二十三过小年时，会跟"米粉"一起在"小米之家"吃年夜饭等。事无巨细，服务无止境。

"小米之家"不同于专卖店，也不同于售后服务网点。这种独特的服务理念还可能带来"米粉"变成员工的惊喜。"小米之家"杭州店的店长就是"米粉"转员工的。

确切地说,"小米之家"是小米线下服务中心,是小米O2O(Online To Offline,线上到线下)模式的重要组成部分,它将小米支付、小米移动电子商务、小米移动生态圈紧密结合起来,众多的智能产品体验加上专属的激光雕刻服务,"小米之家"无疑是小米品牌建设中很重要的一个环节。

截至2018年年底,小米已在全国开设了515家"小米之家"、1183家小米授权体验店、36256家小米专卖店。"小米之家"除了布局国内,也不忘进军海外市场,相继在俄罗斯、法国、意大利、英国等国家开设"小米之家",而且从开业情况来看,受欢迎程度很高,人气暴涨!

小米授权体验店和专卖店不同于"小米之家","小米之家"是官方开设的,而小米的授权体验店是第三方向小米官方申请的,是由第三方运营和管理的线下店铺,在数量上远远多于"小米之家"(见表1-4)。因此,授权体验店是小米公司扩张线下市场的有力途径。

表1-4 "小米之家"、小米专卖店、小米授权体验店区别

类别	区别
小米之家	小米之家集形象展示、产品体验咨询和销售服务为一体的官方线下直营零售店,进驻大型购物商场
小米专卖店	小米专卖店是小米公司与各地优秀服务商、零售商合作、由小米直供商品、直接管理运营的零售体验店
小米授权体验店	小米授权体验店由各地合作伙伴建设并运营,小米公司派员提供指导

参考文献

[1] 小米官网. https://www.mi.com/index.html.
[2] 小米生态链谷仓学院. 小米生态链战地笔记. 北京:中信出版社,2017.
[3] 黎万强. 参与感:小米口碑营销内部手册(珍藏版). 北京:中信出版社,2018.
[4] 搜狐. 全球首家 中国都没有!小米第一家24小时旗舰店开在俄罗斯. https://www.sohu.com/a/204973014_632539
[5] 刘润. 互联网+:小米案例版. 北京:北京联合出版公司,2015.
[6] 邵鹏. 链传播:一场互联网营销革命. 北京:化学工业出版社,2016.
[7] 周高华,咸玺. 互联网+小米:如何站在风口之上. 北京:人民邮电出版社,2016.
[8] 何志康. 小米战记:深度解密雷军的参与感营销. 北京:人民邮电出版社,2016.

第 ② 章
电子商务与传统企业的博弈与融合

案例1 自营+大牌制造商的全新结合：网易严选

何为"严"？"严"字在汉字中，有严格、认真、郑重之意，"严"往往代表优质、高品质、好生活。总之，在国人眼中，"严师出高徒""严以律己、宽以待人""有严有翼、共武之服"……这些词句都反映了"严"字的美好意义。

网易严选，从字面看，有两层意思：第一，师出网易，属于网易"嫡亲"；第二，配以"严"字，代表产品品质严格把关。

2016年4月成立的网易严选，是网易旗下原创生活类自营电商品牌。它不同于淘宝网，因为它所有的产品都是网易自营，并与一线品牌制造商合作的；它也不同于京东的自营，因为它是国内首家ODM（原始设计制造商）模式的电商；它也不同于日本的无印良品，因为它价格更低，更符合"只买对的，不买贵的"这种追求物美价廉的人们的心理；它也不同于小米旗下的米家有品，虽然两者都强调性价比为王，但米家有品销售第三方产品，更像一个品牌销售平台，而网易严选只销售自有品牌。

据网易2018年第二季度的财报，网易严选和网易考拉组成的电商业务净收入为43.66亿人民币（6.60亿美元），同比增加75.2%，而毛利率提升达到10.1%，环比上升明显。

一、故事真的是从一条毛巾说起

网易严选的发迹要从一条毛巾说起，商机就在身边。最初，网易发现日本品牌的毛巾销售价格在200元左右，而出厂价仅十几元，于是就想着给员工搞点福利，找到了毛巾原工厂进行定制加工，以出厂价格卖给网易的内部员工。没想到反响特别好，第一次的定制款毛巾就创下了30多万元的内部销售额。这次内部试水让网易看到了高端定制产品的市场机会和价格优势，网易开始依托于邮箱项目部门来运作网易严选项目，主要依靠网易邮箱和门户等已有的流量来进行前期推广。只要一打开网易门户网站首页或登录网易邮箱，就会弹出严选的广告，而广告主体往往都是生活中必需的家居用品。

网易严选通过网易邮箱进行的广告插入也很有技巧性，除了在登录后出现的滚动式严选广告外，在每一封邮件发送完成后，也会弹出严选的广告。这种高频率、重复性的广告，体现了网络广告的交互性和纵深性的特点，时间久了，用户点击进去看看的行为概率就会大幅度提高。

二、ODM模式

网易严选在国内首创ODM模式。ODM模式的英文全称是Original Design Manufacturer，翻译成中文是"原始设计制造商"。按照MBA智库的解释，ODM是指采购方委托制造商，由制造商从设计到生产一手包办，由采购方负责销售的生产方式。采购方通常会授权其品牌，允许制造方生产贴有该品牌的产品。ODM不同于OEM（见表2-1），OEM是Original Equipment Manufacturer的缩写，指"原始设备制造商"，就是俗称的"代工"。生产者不直接生产产品，而是利用自己掌握的关键的核心技术，负责设计、开发和控制销售渠道，具体的加工任务交给别的企业去做的方式。OEM因为是代工方式，并不拥有产品的设计权和使用权，因此生产后也只能使用该品牌名称，绝对不能冠上生产者自己的名称再进行生产或者贴牌给其他企业使用。而ODM则要看设计企业有没有买断该产品的使用版权。如果没有的话，制造商有权自己组织生产，只要进行外观和品牌的修改即可。

对于网易严选的ODM模式流程，其市场部总经理做出过详解。以严选的拖鞋为例，ODM模式分为以下五大步。

表2-1 ODM模式和OEM模式的区别

分类	ODM	OEM
直译	原始设计制造商	原始设备制造商
俗称	贴牌	代工
设计方	制造商设计	品牌方设计
销售方	品牌方销售	品牌方销售
权利	品牌方买断产品版权，则制造商无权组织生产；品牌方没买断产品版权，则制造商可以再组织生产	制造商无权再组织生产或贴牌使用
优势	对品牌方来说，利用现有产品进行改造，提高了产品生产效率和市场磨合时间；对制造商来说，原始设计核心功能可能用于多个品牌	对品牌方来说，对产品的控制权更强，能更大程度上减少同类产品的竞争；对制造商来说，没有设计压力，但却丧失了对产品的话语权

第一步，拖鞋选择。网易严选从品牌生产供应商处拿一些当季没有被品牌商买断设计权的样品，拿到严选内部进行试穿。

第二步，拖鞋改造。通过试穿，网易严选提出一些改造意见，制造商会根据意见做一些改进，如外观微调、材料更换、尺码校对、软硬度调整等。在这个过程中，严选需要跟供应商反复沟通并争取尽早地安排生产。

第三步，拖鞋定制生产。网易严选向工厂下单要求定制生产，并贴牌"网易严选"。在这个过程中，网易严选的自建团队员工深入各个原材料的核心产区，从原料选择到设计、打样都与工厂保持密切沟通和联系，从根本上保证产品质量。

第四步，拖鞋质检。生产过程中和入仓之后的产品都要经过质检，严选对工厂货品有严苛的质检标准。所有商品必须通过全球权威检验机构——ITS（天祥集团）、SGS（通标标准技术服务有限公司）和BV（必维国际检验集团）等进行检测，检测合格才能上架。产品本身质量水平则以"一线大牌代工厂、采用某某品牌同样原材料"等营销语言展现给消费者，而且同样品质的产品在严选平台上价格仅为大牌产品的几分之一甚至几十分之一。

第五步，拖鞋上架销售。质检合格的产品可以在网易严选平台上进行销售，提供远超行业标准和国家要求的30天无忧退货和2个工作日快速退款服务。另外，商品售价遵循"成本价+增值税+邮费"的规则，去掉了高昂的品牌溢价，挤掉广告公关成本，体现"好的生活，没那么贵"的品牌理念。最后，售后服务也是由网易严选负责的。

三、入驻各平台，探索多元化渠道

网易严选除了线上的官网和App外，还不断利用其他电商平台拓展销售渠道，先后与网易考拉、京东、天猫、拼多多等进行合作，走全网覆盖战略，而每个平台销售的产品会有所差异（见表2-2）。

表2-2　网易严选的合作电商平台

合作电商平台	合作时间	商品主要类目	销量情况
网易考拉	2016年	家居，服装、鞋、包、配饰，美妆、洗护，电器，厨具，母婴用品等	网易考拉自营严选店，商品种类近2000种，家居类，母婴类，美妆、洗护类，服装、鞋、包、配饰类销量居高
京东	2016年	家居，服装、鞋、包、配饰，美妆、洗护，食品，电器，厨具，母婴用品等	有网易严选京东自营旗舰店和网易严选官方旗舰店两个店铺销售产品，两者价格经常有区别，家居，美妆、洗护等类销量较高
天猫	2016年	家居，服装、鞋、包、配饰，美妆、洗护，电器，厨具，母婴用品，宠物用品，海外产品（海外制造）等	2000多种商品在售，食品类商品销量遥遥领先
拼多多	2017年下半年	母婴用品、厨具、家居、箱包、服装、配饰等，相比其他合作平台铺货产品，拼多多铺货的是低价位商品	拼多多网易严选官方旗舰店，商品有100多种，截止到2019年2月，拼单成功近2000件
苏宁易购	2018年	网易严选和网易智造的产品，主要包含家居类、美容美发产品等	网易严选和网易智造苏宁自营旗舰店，电动牙刷、按摩椅等产品销量较高

网易严选在线上发力的同时，逐渐布局线下，展开线上、线下零售新模式。在2017年8月，网易严选与亚朵酒店进行战略合作，在亚朵酒店内销售网易严选商品。2018年10月，网易严选和万科合作，在万科样板间使用网易严选产品。2018年12月，首个网易严选线下店在杭州解百购物广场开业，门店里面摆放着严选线上用户评价数超过2万的"爆品"，如行李箱、床品四件套、毛巾等。2019年1月19日，屈臣氏和网易严选联名的首家电商联营店在广州亮相，合作店内的选品分别来自屈臣氏和网易严选的热门产品，主要包含护肤保健、居家日用、餐厨、家纺、数码电器等多种品类。

四、电商精选时代的到来

严选就是精选,就是在每个消费者需要的细分品类里,提供少量且优质的选择,让消费者在这里不用花太多心思挑选就能买到好东西。

在国内,网易严选的精选电商模式是"第一个吃螃蟹的人"。在它成功后,精选电商模式成了电商时代消费升级的新宠,互联网巨头纷纷踏足精选电商领地,淘宝心选、京东精选、米家有品等层出不穷(见表2-3)。

表2-3　目前国内精选电商平台列表(部分)

精选电商平台	时间	品牌背书
淘宝心选	2017年5月26日上线试营业;2018年4月28日,淘宝心选在杭州线下店开业	阿里巴巴自有品牌,自营
京东精选	2017年1月6日,京东"好物低价"类目的升级	京东商城中精选的一部分商品,但非ODM模式
米家有品	2017年4月5日	小米公司旗下精品电商平台,自营和第三方品牌商共存
苏宁极物	2017年年末上线苏宁极物频道;2018年3月23日,苏宁极物线下店在南京开业	以"致敬美好生活"为理念,线上、线下结合,到2018年年底已开设近20家线下苏宁极物店
兔头妈妈甄选	2017年6月,在京东等电商平台开店	蜜芽旗下自有品牌,通过ODM模式,挑选优质、高性价比的母婴产品销售

以网易严选为代表的精品电商模式是为了满足消费者对品质生活的追求应运而生的产物,正如网易严选宣传语所说:好的生活,没那么贵。据易观智库《2017年中国品质电商发展专题分析》的定义,品质电商是以消费者的品质诉求为核心,从商品质量控制着手,以渗透上游制造和供应链管理,减少中间环节,强化平台选品主导性,依赖数据技术提升供给端对市场需求变化的响应速度等方式提高全站商品品质,以创新品控运营模式为核心竞争力的新兴电商模式。

日本三浦展在其畅销书《第四消费时代》中,将消费社会分为四个阶段:第一个阶段(1912—1941年)是少数中产阶级享受的消费,即以城市为中心的西方化生活方式;第二个阶段(1945—1974年)是以家庭为中心的消费,个性化在这个阶段得不到满足;第三个阶段(1975—2004年)是品牌化消费，消费者开始追求个性化、多样化、差异化和品牌化；第四个阶段（2005—2034年）是简单倾向、无品牌倾向、本土意识开始增强，趋于共享、重视社会的消费社会，消费者被简单而又环保的生活方式所吸引，换言之，就是消费者开始追求品质生活。

追求品质生活的精品电商模式瞄准的消费群体是中产阶级的城市青年群体。据艾瑞咨询数据显示，网易严选的用户年龄层主要集中在25～35岁，其中31～35岁用户人群数量所占比例最高，高达37%，主要来自于一、二线城市。另据前瞻产业研究院的调研数据显示，2018年对精品电商持欢迎态度的品质生活人群占比高达64.9%，这反映了精品电商的受欢迎程度。

中国社会科学院财经战略研究院互联网经济研究室主任李勇坚表示：精选、严选的商业模式实际上是为消费者提供了"信息中的信息"，是一个帮助消费者筛选商品、减少用户挑选商品成本的方式。

五、未来，自主设计很重要

网易严选推崇"产品方法论"，原创设计和自主设计应该在未来的网易严选中占据越来越重要的位置。味央猪肉、黑凤梨、春风、仲秋拾月等新品牌脱颖而出，自主品牌未来应该会越来越多。

"有很多品类，像商品设计、工业设计，还有黑凤梨和网易游戏衍生品，都是我们团队打造的。自主设计一定会是我们严选最大的竞争力。"网易严选负责人柳晓刚如是说。

未来，依靠原创设计和自主设计，以及大牌厂家生产方面的质量保证，加之人们在优质生活保障方面扩大的需求，网易严选的"严"之路有望越走越宽。

参考文献

[1] 网易严选官网. http://you.163.com/.
[2] 百度百科：网易严选词条. https://baike.baidu.com/item/%E7%BD%91%E6%98%93%E4%B8%A5%E9%80%89/19321827?fr=aladdin.
[3] 三浦展. 第四消费时代. 北京：东方出版社，2014.
[4] 吴文治，陈兑远. "严选"模式成电商自营新路径. 北京：北京商报，2017.
[5] 易观智库. http://www.199it.com/archives/607103.html.2017.06.

案例2　互联网制造企业生态：海尔顺逛商城

1984年，海尔品牌创建于青岛，张瑞敏带领员工严把质量关，"砸冰箱"事件突显了海尔的质量意识；从1996年起，海尔开始布局线下专卖店；从2009年起，海尔连续10年荣登全球白家电第一品牌宝座；2015年顺逛诞生。海尔集团从无到有，从线下专卖店到线上网络商城再到"三店合一"，从海尔商城到顺逛商城，从制造到智造，海尔一步一个脚印，在传统行业和互联网大潮中踏实且华丽的完美升级。

作为海尔集团唯一官方商城，海尔顺逛商城走上了电子商务和传统企业融合之路，成为传统制造企业实践社交电商的新模式。"O2O""社群交互""社交电商""三店合一""OSO模式（Online+Service+Offline，线上＋服务＋线下）""交互迭代""3.0智慧家居"，等等，这些电商界的热词都可以形容顺逛商城。

对于顺逛商城的定位，顺逛CEO宋宝爱这样说："顺逛是智慧家庭解决方案的社交平台，以'建设一个家，服务一个家'为宗旨，以社群交互为基础，打造匹配其个性化家庭场景的智慧生活解决方案。"

一、三店合一的OSO体系

2015年9月，家电制造龙头企业海尔集团悄然以"顺逛"品牌启动"三店合一"计划，首推国内OSO模式。所谓三店合一，是指将线上的海尔商城、线下的海尔专卖店和顺逛微店进行全面融合，最终形成线上店、线下店和微店"三店合一"的社群经济生态平台。目前，顺逛的"三店合一"模式能向用户提供多方面的产品和服务，主要包含：家用电器、饮食生鲜、数码3C、母婴个护、家具家装、居家生活、生活服务、小家电等。

线上的海尔商城在2000年3月由海尔集团电子商务有限公司成立，主要提供海尔产品的销售与售后服务。近几年，海尔商城销售额取得400%的增长，是海尔集团互联网时代下由制造业转型为服务业的战略转型的重要表现。

2016年，海尔商城升级定制频道，宣布打造国内首个家电交互定制平台。海尔建成的智能互联工厂是为承接互联网时代用户个性化需求的订单而进行的创新。海尔正在实践的众创定制,在更大程度上发挥了用户的主动权,用户参与设计,进而研发,再快速将其转化成产品方案。当这些产品方案吸引更多用户,最终转化成订单时,智能互联工厂能快速地满足其定制需求。例如,用户可通过海尔商城,根据自己的家装需求和个人喜好,自由选择空调的颜色、款式、性能、结构等,定制满足其个性化需求的空调。订单下达后,实现订单全程可视化,坐在家里就可以看到自己产品的实时生产情况。

海尔商城并入顺逛平台后,一直沿用www.ehaier.com的域名。2019年春节期间,www.ehaier.com更名为www.shunguang.com,至此,中英文域名一致化。

线下的海尔可分为三个销售路径,分别为家电卖场、海尔专卖店和海尔体验店,其中,以海尔专卖店为主。从2006年起,海尔开始布局线下专卖店,截止到2018年,海尔布局了近4万家专卖店,遍布城市、乡村的各个角落,平均每3户中国家庭就有一户是海尔专卖店用户。在2018年海尔市场创新年会中,周云杰总裁汇报了海尔2018年的业绩:全球营业额2661亿元,同比增长10%;全球利税总额突破331亿元,同比增长10%,其中,全球经营利润增幅达到19%;实现生态收入151亿元,同比增长75%,海尔集团旗下的子公司——青岛海尔股份有限公司,进入《财富》世界500强。这些成绩展现了海尔物联网转型的初步成果。

海尔专卖店始终坚持"物流+服务"双优质服务模式。在物流环节,做到了"最后一公里",将商业网络的触角伸到每一个乡镇甚至村落,做到了"有人的地方就有海尔专卖店"。海尔专卖店在服务环节也做到了极致,好服务成了海尔专卖店的"金字招牌"。消费者不仅可以便利地购买到海尔产品,还可以到最近的专卖店进行体验,这种"售前+售中+售后"的销售模式使得用户对海尔专卖店产生了持续的信任,也形成了良好的口碑。除了提供"售前+售中+售后"全方位服务外,海尔专卖店还会根据地域特点和人群特点,提供针对性解决方案,如在水质较差的区域主推净水洗热水器;在空气质量较差的区域主推自然风空调;净界空调,以老人、小孩、孕妇等目标人群为销售目标的海尔抑垢净水洗热水器等也得到市场力推。

在2015年,海尔有了自己的社群交互平台——顺逛App,微店模式正式开启,这是海尔电商渠道的又一布局,是天猫、京东、苏宁易购、国美在线、海尔商城出现后的又一"互联网+制造业"力作。

顺逛微店起源于电商形态,发展依附于社群经济。每一个微店主都相当于海尔商品的销售员,形成全网货架,门店的产品也得到无限扩充。2014年,海尔集团开始探索平台化战略转型,开放企业资源,鼓励内部员工创业,顺逛微店便是海尔内部孵化的社交型创客平台。海尔的顺逛微店不同于其他电商形式,顺逛App其实是一个微店平台,在这个平台上有若干的微店主。而顺逛微店发货的商品,如自营大家电等由海尔旗下的日日顺物流进行配送,为消费者提供包邮、送装一体、按约送达、货到付款、售后维修等全流程服务,而且海尔日日顺配送的商品支持体验满意后再付款的服务,可以让消费者买得放心、用得舒心;顺逛微店中的非自营商品,由第三方物流进行配送并由商家提供售后服务。除了自己员工可以加入顺逛App外,顺逛还吸引了大学生、全职妈妈、自由职业者等,上百万的微店主实践着创新创业精神。

顺逛微商的社群经济体现在成千上万的平台社交群体上,用户可在顺逛App上自建社区,可以在社区中发视频,提需求和创意,推荐好的产品,等等。顺逛App,既是海尔用户流量的总入口,也是企业与用户零距离接触的平台,通过App,企业能够更精准地把握市场终端需求,从而反向指导企业资源的分配和生产计划的研发。顺逛微商致力于打造"对内聚焦驱动店转型,对外聚焦做社群交互的大生态模式"的可持续发展共赢电商生态圈。

微店主通过销售产品得到佣金,平均为销售额的5%。另外,微店主还可以开发二级团队,开发后都有相应的提成。因此,顺逛微商的社群经济模式是一种创客模式,这也正符合海尔所提出的"企业平台化、员工创客化、用户个性化"的发展理念。

海尔创新的"三店合一"模式,把线上商城、线下专卖店和微店进行有机结合,将海尔打造成多入口、多场景的社群交互平台,这是海尔智慧家庭战略落地实施的支撑。例如海尔馨厨冰箱,正是在顺逛的社群交互引导模式下实现的定制化成果,产品在研发阶段通过社群交互征询用户意见,并将用户需求反馈至海尔COSMOPlat平台(COSMOPlat是海尔推出的具有中国自主知识产权、全球首家引入用户全流程参与体验的工业互联网平台),以此进行定制化生产,最终完成为用户量身打造的新品。

海尔的"三店合一"模式也被称为OSO体系,线上店(Onine)、微店(Social Network)、线下店(Offine)三者的融合,也就是说线上、线下的海尔用户被Social Network(简称SN)联系起来,实现了产品与用户的零距离接触。在这种OSO体系下,研发人员通过顺逛社区与用户沟通,收集到用户的碎片化需求,完成产品开发后,在顺逛招募试用者,根据反馈对产品进行改进迭代,然后才能正式进入市场。

二、产品定制战略

顺逛平台能实现产品定制。2018年,中央电视台财经频道的简称《中国财经报道》节目报道了顺逛平台的"定制款抽纸"和"云熙洗衣机"在市场上成功"引爆"的案例。

定制款抽纸是一款完全在顺逛平台上定制出来的产品,过程并不复杂。第一步,获取客户痛点阶段。顺逛在其App的"需求宝"云系统(见图2-1)中收集到了用户对于抽纸的痛点,集中表现在以下四方面:纸张尺寸、开口方式、环保性及柔韧度。第二步,产品研发阶段。顺逛合作方"物语本色"依据收集到的用户对抽纸的痛点,研发出节省15%空间的120毫米×170毫米抽纸——纯粹的原生竹浆,保证了环保性和纸张柔韧度,开口的贴条设计更方便开启。第三步,销售阶段。据报道称,该产品在活动期间创下了30万箱的销量,打破同品牌在电商平台三个月的销售纪录,并达到100%的不入库率,直接解决了传统方式下压货、库存的问题。

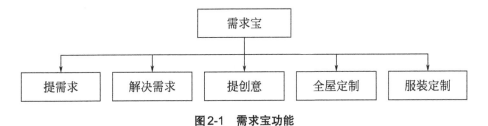

图2-1 需求宝功能

在海尔"三店合一"的OSO体系下,海尔顺逛平台以用户需求为中心,运用"自下而上"的社群交互模式提炼用户对产品的痛点,把用户的真实需求转化为产品方案,再结合资源方推动产品的落地和迭代升级,最终实现产品的个性化定制。

三、最佳用户体验

凭借83个物流配送中心、300万平方米的仓库、全国6000多家服务站点和13000多辆配送车辆的资源,物流配送成为海尔顺逛平台的一大优势和亮点。原来的海尔商城就已经在国内率先提出24小时限时达和全国不限范围配送,以及送货安装同步到家的优质服务。对于大件家电,顺逛平台使用日日顺物流(日日顺是海尔集团旗下的综合服务品牌),依托全国2000多家售后服务商提供送货、安装一体化服务,并支持同城24小时限时达服务及全国免运费(见图2-2)。对于小家电产品(包括生活家电、水家电、手机、数码设备等类目),海尔商城主要依托顺丰快递和EMS等第三方快递公司进行物流配送,并免费提供送货上门服务,但是安装服务需要消费者自己拨打全国服务热线进行预约。对于用户所担心的很多物流公司不提供开箱验货服务的问题,海尔商城与合作的第三方物流公司签订了相关协议,支持开箱验货,遇损坏拒收后联系商城客服即可。

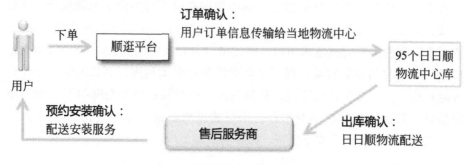

图2-2 顺逛平台大件发货流程

有一种真诚,叫海尔服务!海尔凭借5星级服务赢得了全球消费者的青睐和赞赏。海尔在国内首创了很多种服务模式,从"上门四不准""只要一个电话""服务一条龙""送装一体""五星级服务"一直到"成套服务"等,显然,"真诚到永远"的服务理念已经在海尔人心中扎根,在客户内心发芽。顺逛的售前、售中和售后服务也统一由海尔服务站点负责,实现了按约送达、送装同步的专业服务。

四、线上、线下融合继续升级

传统电商的红利正在慢慢消失,纯粹的线上销售模式已经满足不了人们日益增长的需求,体验经济、多效应聚合、多元化经营等新内容层出不穷,海尔顺逛平台在"三店合一"模式下,也要不断寻求新的创新点和盈利点。

2019年春节,顺逛平台上线"春节不打烊"活动,同时进行"社区合伙人"招募。"春节不打烊"活动是顺逛第一次探索"社群+社区+社交"模式,是线上、线下融合的一次深入探索。由平台提供产品、物流和售后服务,而交付产品则在线下完成,这种以专业社区合伙人来建立社群的方式,无疑扩大了顺逛与用户交流的深度和广度。

顺逛基于社群开展竞赛等活动，征集问题解决方案，让创新产品不断落地生根。2018年，顺逛社区举办的顺逛社群争霸赛中，共计发布任务511个，吸引了超过33万社群用户参加，全网交互高达2800多万次，收集了2.7万多个用户的需求，提出了超过150000个解决方案。例如，"小支红酒"的创意就来自于网友的吐槽。在顺逛争霸赛"红酒品鉴与储存"话题下，"大瓶红酒经常喝不完，较难储存"的痛点立刻引发网友热议，一天就产生了289个解决方案。顺逛最终与海尔资源方——大连香洲庄园葡萄酒有限公司达成合作，研发落地的375毫升"小支红酒"首批3000瓶22分钟就售罄。

海尔所倡导的3.0智慧家居时代，不仅通过顺逛平台的流量入口，向用户提供了一个交互入口，而且通过平台向用户展示了全场景解决方案。在帮助品牌缩短产品迭代路径的同时，实现从交互、下单到交付、售后的用户消费体验全线升级。未来，在"三店合一"模式带动下，海尔电子商务之路会给大家带来更多的惊喜。

参考文献

[1] 海尔顺逛商城官网. http://www.shunguang.com/.
[2] 宋宝爱. 后电商时代物联网引爆社群生态. 广州：2017亿邦未来零售大会. 2017.12.
[3] 砍柴网. 海尔33周年感恩客户，顺逛引领社群交互新时代. https://www.admin5.com/article/20171227/812309.shtml.
[4] 搜狐. 顺逛用户研发"小支红酒"：3000瓶22分钟卖光. https://www.sohu.com/a/249408501_100123169，2018.08.22.
[5] 曹仰锋. 海尔转型：人人都是CEO. 北京：中信出版社，2017.

案例3　钢铁全产业链电商：找钢网

一、风头正旺的钢铁电商

钢铁电商已在我国迅猛发展数年，一直受到资本市场的青睐。进入2008年后，第一阵营的钢铁电商企业也基本实现了盈利，跨过了前期持续亏损阶段，正式进入整体盈利时期。2012年至2017年，我国的钢铁电商市场规模从160亿元增加到570亿元，年增长率达到28.9%。2018年上半年，钢银电商、欧冶云商、找钢网等三大钢铁电商巨头的钢铁交易总量占了整个市场的65%。尤其在"互联网+"行动计划的带动下，国务院要求加快发展生产性服务业，促进产业结构调整，无论是钢企、钢贸商，还是第三方平台都纷纷试水电子商务，钢铁电商也为其他大宗商品的电商之路提供了借鉴经验。

一方面，我国传统钢铁行业发展举步维艰。我国钢铁产业遇到产能过剩引起钢价波动、企业普遍亏损的困境，线下钢铁行业形势严峻，尤其是物流和资金存在的问题严重。不管是自建仓储物流还是第三方物流，成本高、耗费人力大是共性问题。线下单打独斗的模式阻碍了企业做大做强，抱团取暖才能度过传统钢铁行业的寒冬。

另一方面，钢铁电子商务近几年如雨后春笋般崛起，犹如一股春风给钢铁行业带来了发展机遇。第一，钢铁电商平台解决了传统钢铁企业仓储、运输成本高等困难。他们自建仓储物流体系，从根本上解决了环境差、效率慢、成本高、人力多等问题，给传统钢铁企业扫除了绊脚石。第二，钢铁电商平台还能解决用钢企业的资金问题，因为钢铁物资本身占用资金较大，如果押在货上的资金过多，势必影响企业的资金流运转，钢圈网的钢圈白条等金融服务就提供了一条行之有效的渠道，帮助钢贸商缓解了资金压力。另外，很多钢铁电商平台通过撮合收集订单的方式来形成一定的钢铁采购规模，从而降低终端钢铁采购价格，深受钢贸商青睐。

二、不缺资本青睐的找钢网

找钢网成立于2012年年初，是专注于钢铁行业的B2B电子商务平台，总部在上海。通过短短几年时间的发展，找钢网已经发展成为全国最大的钢铁全产业链电子商务平台，其"智能钢铁产业一体化工业互联网平台"项目在2018年成功入选工信部"2018年工业互联网试点示范项目"。截至2018年上半年，与找钢网合作的钢厂达115家，注册用户累计超过10万人，找钢网团队规模超过1300人，并在韩国、越南、泰国、阿联酋、缅甸及坦桑尼亚等国家设立海外分公司。根据数据显示，2017年找钢网的营业收入高达175亿元，公司纯利润为1.014亿元。2018年，找钢网向香港交易所递交上市申请，花旗银行、招商证券、高盛集团为其联席保荐人，找钢网正式迈出上市之路，成为首批向香港交易所提交上市申请的AB股（A和B两种股票模式）结构公司之一。

出生于郑州的找钢网创始人王东，从2009年开始接触钢铁互联网圈子，曾经担任过北京中钢网信息股份有限公司总裁、钢钢网电子商务(上海)股份有限公司总裁。2012年2月，王东和其合伙人拿着100多万美元的天使投资创办了找钢网，因其发展迅速，王东被媒体称为"钢铁侠"。

在找钢网的起步阶段，CEO王东在公开信中这样描述："我们诞生于钢铁行业的'钢贸危机'时代，我们发展于险峻的竞争环境中，我们的同行大多是上市公司、大型央企或国企。与他们相比，我们没有强大的背景、品牌背书或庞大的低成本的资金，更没有老牌钢铁贸易集团的积累与客源。我们的初创团队只有11名员工，在100多平方米的小办公室，用一张乒乓球台作为会议桌。但与他人不同的是，我们拥有对这个行业过去、当下、未来深刻而独特的理解，拥有旺盛的创业热情和矢志不渝的使命感。"

找钢网自成立以来就受到资本市场的追捧，截止到2018年年底，成功获得6轮融资（见表2-4）。

表2-4 找钢网融资一览表

时间	投资方	融资金额
2012年1月	A轮融资：险峰长青、真格基金	164万美元
2013年1月	B轮融资：经纬中国、险峰长青	数千万美元
2013年12月	C轮融资：雄牛资本、红杉资本、经纬中国和险峰长青	3480万美元
2015年1月	D轮融资：IDG资本、华兴资本、雄牛资本、和玉资本、红杉资本、经纬中国	1亿美元
2015年12月	E轮融资：京西创业、中泰证券、千合资本、东方富海、险峰长青、云启创投、欣闻投资	11亿元人民币
2017年6月	F轮融资：中俄投资基金、京西创业、华兴资本、云启创投	2.2亿元人民币

根据公布的有关资料显示，找钢网从2012年的11个人创始团队成立，到2018年，短短6年多的时间，先后完成了6轮融资，累计融资金额达到20多亿元人民币。其中，前4轮为美元融资，吸引了国内外顶级机构，包括IDG资本、雄牛资本、红杉资本、险峰长青、真格基金等。

三、钢铁全产业链平台的"独角兽"

找钢网是钢铁行业全产业链平台，除了提供钢铁的交易信息和交易流程外，还提供一站式信息化仓储加工服务、第四方物流平台、互联网金融业务、国际电商等，所以堪称钢铁行业的全产业链平台。

1. 交易功能

找钢网的经营模式主要是撮合联营和自营两种。所谓撮合联营模式，是指先通过找钢网平台撮合收集订单，形成一定规模优势的需求订单后，再向钢厂或市场贸易商进行实时采购，从而降低终端钢贸商的实际采购价格。当然，在采购过程中也为钢贸商提供仓储、加工、物流配送等增值服务。联营模式主要依靠买卖双方的交易量提取佣金收入。2015年至2018年上半年，每吨钢材的平均佣金分别为3.4元、10.2元、12.3元和14.9元。

而所谓自营模式，是指找钢网向钢材制造商购买钢材，转手销售给终端客户，通过"低买高卖"的方式来赚取差价。自营模式已成为找钢网重要的收入来源，自营业务占营业总收入的98%以上。据找钢网上市招股书显示，2015年至2018年上半年，来自自营模式的收入分别为60.67亿元、87.20亿元、172.28亿元和85.89亿元，是公司撮合联营模式收入的337倍、86倍、123倍和162倍。自营模式受钢铁价格的波动影响较大，找钢网可以享受钢铁价格上涨带来的溢价收入，也同样需要承受钢材价格下行所带来的较高风险。另外，存货也必然会对公司的仓储系统造成很大的压力。钢银电商、欧冶云商等其他钢铁类电子商务平台的运营模式也在不断探索、摸爬滚打中各自成形（见表2-5）。

表2-5　国内主要钢铁电商平台运营模式

钢铁电商平台	经营模式	主要投资方
找钢网	撮合联营、自营	各大风险投资公司
钢银电商	2015年自营，后来亏损巨大，转为撮合、寄售服务为主	上海钢联、复星集团
欧冶云商	现货寄售和期货代购等，不断创新钢铁供应链服务产品	中国宝武钢铁集团

2. 互联网金融业务

找钢网的供应链金融主要基于旗下的胖猫金融平台，主要包括胖猫白条、胖猫票据和胖猫易采等。找钢网2014年推出"白条"（类似京东的"白条"）系统，2015年到2017年，使用"白条"的客户交易总额从2.2亿元增长到59.1亿元。

找钢网是如何通过胖猫金融平台实现金融资产闭环的呢？我们来对交易过程做一下梳理（见图2-3）。

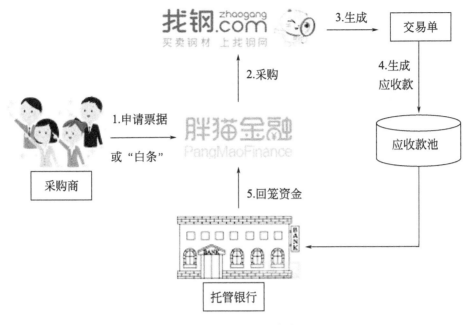

图2-3 胖猫金融平台的流程

和传统银行相比,胖猫金融的优势在于掌握了客户以往采购的周期、采购金额、逾期款项等大数据,而且这些数据都是真实可靠并有后延性的。基于这些数据,公司还开发了专用的信贷额度算法。同时,找钢网与中科院联合研发了根据找钢网平台大数据建立的信用模型,保证了在采购过程中为终端提供"先提货后付款"金融服务的安全可靠性,能够较好地控制资金流向。综合来看,胖猫金融的风险控制能力较强。2015年到2017年的坏账率分别为0、0和0.23%(14.4万元)。

3. 物流平台

钢材交易属于大宗商品买卖,商品需要专业物流公司派出货车运输,这是大宗交易不可避免的环节。那么,找钢网是如何帮助买家找物流的呢?

找钢网为此推出了胖猫物流。胖猫物流成立于2014年6月,通过"互联网+物流"的创新模式了颠覆了传统物流行业的线下委托方式,开创了大宗商品物流交易新模式。胖猫物流的物流承运商都与胖猫物流签订协议,由胖猫物流建立诚信体系,为客户承担物流交易过程中的风险,免费提供客户询价、物流成交以及物流异常情况处理等服务。胖猫物流不仅推出了大宗商品行业内第一款可以查询实时物流运价的在线平台,还提供了胖猫物流客户版

App和胖猫物流车队版App，致力于利用在线化的产品为需求客户以及承运商提供物流匹配，充当客户和承运商之间沟通的桥梁。一站式委托、保姆式服务的模式受到了客户的青睐。胖猫物流累计服务用户数超过20000家，客户增长呈高速发展的趋势。目前胖猫物流已整合1000多家优质承运商、8000多辆运输车辆资源，运营超过2500条优势公路线路。

胖猫物流负责人接受采访时曾指出，胖猫物流是第四方物流平台，有别于第三方物流，有3大主要创新特色。一是以不同于第三方物流的数据、移动互联网等下一代信息技术，通过整合第三方物流、信息化物流环节，为钢铁物流供应链提供整套解决方案。二是首推钢铁物流第四方平台App，将移动互联网技术与钢铁物流第四方平台结合在一起，解决了资源在线整合和物流信息实时互通的问题。三是该平台将接近找钢网建立在实时交易上的积累了两年多的真实数据，同时将第四方物流上的数据与电商平台、上下游和第三方物流对接、分享（见图2-4）。

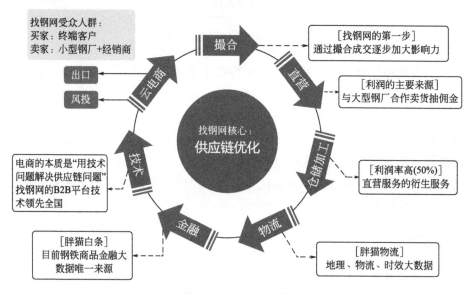

图2-4 找钢网业务图

四、利润从何而来？

找钢网宣称已经在2016年实现全面盈利，那么，找钢网的利润来源有哪些？

首先，佣金模式是找钢网最早的利润来源。免费的撮合交易使得找钢网成为行业订单流的入口，买方云集的平台自然会对销售困难的卖方产生强大吸引力。找钢网的"保价代销"模式只赚少量佣金，但不承担价格风险。所谓"保价代销"，是指找钢网独立接货、卖货，但不跟厂家结算，而钢厂每天定价，找钢网加上佣金后销售，找钢网跟钢厂每天对一遍账单，然后月底根据实际售价结算。这种模式消灭了囤货赚差价的原始动机，找钢网的利益就和钢厂保持了一致，规模迅速做了起来。

低佣金模式使得找钢网迅速做大、做强。除此之外，找钢网还积极拓展其他业务，从整个钢铁产业链挖掘利润，依靠服务挣钱。胖猫物流的主要利润来自小订单的拼凑，找钢网有海量的订单，零单的拼凑因此形成。例如，甲客户想送5吨货到山东青岛去，这时没有司机愿意单独做这单生意，即便有人接单也要很高的价格，而找钢网查到乙客户有25吨货也需要送到青岛，甲和乙的货物拼起来正好是一辆小车的运送量。通过把零单拼起来，胖猫物流就能获得比较高的利润。金融频道既向上游提供融资，也向下游提供授信，解决了钢厂和零售商资金短缺的问题，又能收取利息，一举两得。另外，金融频道的胖猫白条服务和胖猫票据服务等也给找钢网带来了利润。所以，找钢网的收入来源是全面开花，而非单一盈利的。

五、未来可期，任重道远

经过2014年、2015年、2016年的疯狂发展，2017年，钢铁电商发展已逐渐回归理性。中国金属材料流通协会副会长兼秘书长陈雷鸣曾公开表示：钢铁电商是一个"钢铁+互联网"的工具，可以快捷地汇集资源，但这是一把"双刃剑"，不能过分夸大电商的功能而忽略其植根产业链和服务产业链的根本。

钢铁电商依赖于传统钢铁行业，它本身是创造不了钢铁增量的，而是在钢铁产能严重过剩、钢材滞销的背景下才应运而生的。线上电商平台在争夺线下的市场份额，如何实现线上和线下钢铁市场的协调发展、利益共进是未来钢铁电商平台都需要思考的问题。

对于找钢网来说，未来的发展需要沉淀的问题也有很多。第一是盈利问题，探索新的盈利模式关乎找钢网的未来盈利。但无论是探索哪种模式，最重要的都是供应链各环节的效率能得到提升、供应链能继续缩短。第二是货源问题，尤其是在撮合联营模式下，"宝武系"的宝钢、武钢、梅钢、湛钢全部将产品搬上欧冶云商的平台，马钢甚至将售后也交给欧冶云商来处理。而背书并不强大的找钢网在寻找低价货源上如何取得优势，是其未来需要思考的问题。第三是资金问题，2011年以来，钢铁电商以一股"星星之火可以燎原"的态势席卷电商行业，2016年全国钢铁电商平台超过300家，随后进入残酷的资本大战，一番洗礼后，剩余200多家继续"混战"。而要想在厮杀中获胜，平台融资、广告大战等可能会随时发生。找钢网的主要竞争对手钢银电商和欧冶云商因为"背靠大树"，资金压力会较小，如欧冶云商凭借宝钢的背书，获得1600亿元银行授信，令其他电商平台望尘莫及。对于申请上市的找钢网来说，未来融资问题也不容忽视。

找钢网提供了一个大宗商品交易的B2B模式，只要存在线下批发市场的行业，都可以从"找钢模式"中借鉴一定的经验。如果把标准定得更具体一些，符合"上游过剩，下游海量"这两个条件的行业，从理论上来讲，比较适合做B2B电商平台。上游产能过剩，销售困难，厂家才会产生改革层层批发渠道的需求，才需要更高效的电商渠道帮忙卖货；下游海量，让他们之间很难结盟，没有谈判筹码，中间环节的电商出现让中小买家就有了议价的筹码。找钢网以及后来的找铝网等就是这种模式发展的典型案例。

参考文献

[1] 找钢网. http://www.zhaogang.com/.
[2] IT168. 钢圈网谈及钢铁电商痛点 智能物流仓储帮大忙. http://software.it168.com/a2019/0111/5144/000005144598.shtml，2019.01.11.
[3] 董瑞强. 钢铁电商：从疯狂到理性 接下来重新洗牌. 亿邦动力网. http://www.ebrun.com/20171012/249291.shtml，2017.10.12.

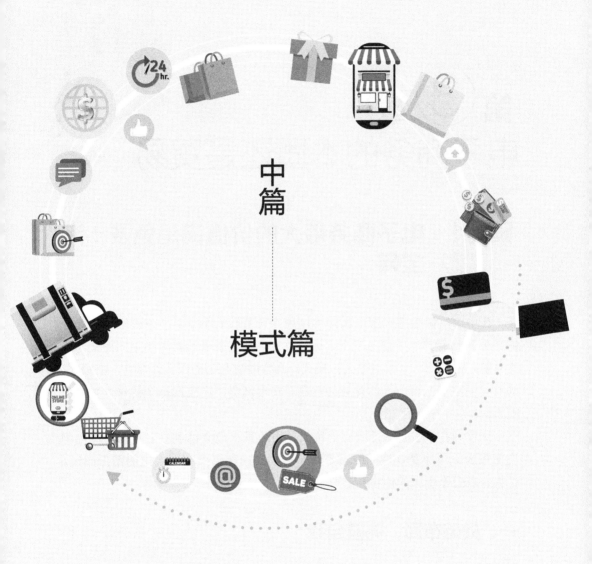

中篇

模式篇

第3章
电子商务的本质还是贸易

案例1　电子商务最大的价值锚是免费：淘宝网

在中国，说起淘宝网，真的可以用"天下谁人不识君"来形容了。这个创立于2003年的电子商务平台，通过互联网让消费者和卖家不见面而交易成为可能，为C2C（个人对个人）模式，淘宝网让几亿的国人习惯它，依赖它，同时又解决了上百万人的就业的问题。在电商界，淘宝网是个传奇，更是一面旗帜。

淘宝网在2003年5月成立于杭州，由阿里巴巴集团创立。目前，淘宝网已然成为中国深受欢迎的网购零售平台，2018年活跃在淘宝上的用户超过6亿人，2252个卖家的销售额超过了亿元！

一、战略布局，完善自我

淘宝网从成立之初就以强劲的势头发展着（见表3-1），十几年间，通过不断地功能融合升级更加完善。

淘宝网从成立之初，就开始在发展上进行战略布局，从早期的C2C网络集市单一战略，到大淘宝实施战略，再到2016年的三个发展布局，淘宝网一直在向良性循环发展方向努力。

2003年淘宝网成立之初，执行的是单一的C2C网络集市战略。因为当时

表3-1 淘宝网发展历程

时间	事件	意义
2003年5月10日	淘宝网成立	诞生
2003年10月	推出支付宝	"担保交易模式"的第三方支付平台
2004年	推出淘宝旺旺	即时聊天工具
2005年	超越eBay易趣	做到中国C2C模式第一名
2006年	亚洲最大购物网站	每天900万人逛淘宝网
2008年	淘宝商城上线	阿里巴巴进军B2C（商对客）模式市场
2010年1月1日	聚划算上线	团购模式开启
2011年6月16日	淘宝网拆分为淘宝网、淘宝商城和一淘网	以消费者为主的平台转型升级成供需双赢的平台
2015年11月11日	淘宝+天猫成交额达到912亿元	成交额再次刷新纪录
2016年3月29日	在杭州召开2016年度卖家大会	淘宝网明确了未来的战略：社区化、内容化和本地生活化
2016年4月21日	淘宝直播上线	消费类直播平台，实现边看边买的效果。2019年独立App上线
2017年3月	全国首例公开宣判的电商平台起诉售假网店案	在淘宝网售假而引发的法律诉讼成为"2017年推动中国互联网法治进程十大事件"之一
2018年12月	哔哩哔哩与淘宝宣布达成战略合作	在内容电商以及哔哩哔哩自有IP的商业化运营方面进行跨界联动
2019年3月6日	蒋凡任淘宝总裁	人事更替，淘宝在战略上未来可能会有调整

的中国C2C市场主要由eBay占据，淘宝网为了笼络更多的商家进驻，通过实行免费政策和开通支付宝平台，迅速占领了中国的C2C市场。它以拍卖形式为主，作为网络集市给商家和消费者搭建了一个交易平台。

2007年以后，大淘宝战略实施。所谓大淘宝战略是指将淘宝网从一个网店平台向电子商务基础设施平台转变的过程。帮助商家以低成本、高效率进入电子商务领域；帮助传统企业转型，中小企业可以借助淘宝提供的整体解决方案搭建电子商务平台。大淘宝战略的第一步是打通淘宝与阿里巴巴平台，形成B2B2C（供应商对企业，企业对消费者）商业链条；第二步是淘宝合作伙伴计划，召集各方电子商务外包供应商为淘宝卖家、中小企业提供个性化产品和个性化服务。2007年淘宝网发展成为亚洲最大的网络零售商。通过大淘宝战略，使淘宝网不再是一个买卖平台这么简单，而是通过淘宝网提供的一系列服务，打造完整产业链，整合所有资源，为更多的商家提供整体解决方案。

2016年，淘宝网公布了未来的发展方向：社区化、内容化和本地生活化。具体的战略布局如下：一是助攻个性化定制服务，扶持淘品牌商家；二是为了更好地支持这些自有品牌的卖家发展，淘宝网会对云导购（基于阿里云数据分析的导购服务）提供一系列的解决方案，帮助这些自有品牌更好地去运营它的用户、商品和服务；三是C2B2M（消费＋电商＋制造），是围绕着消费者的电子商务模式，希望能帮助淘宝网上的卖家和产业带上的工厂做一些对接，能够有一些新的制造趋势。

二、淘宝网以策略取胜

在2003年淘宝网诞生的时候，国内的C2C市场一直被国际零售电商巨头eBay占领。2003年6月12日，eBay正式入主邵亦波创建的易趣网，当时的易趣一直坐着国内电子商务领域C2C市场的头把交椅。eBay和易趣的合作可谓强强联手，立志要吃掉中国C2C市场这块潜力无限的大蛋糕。对手实力如此强劲，蹒跚学步的淘宝网是如何做到最终独霸国内C2C市场的呢？

C2C电子商务是物流、资金流、信息流和商流的传递与交换。一个成功的C2C网站不仅仅要展示商品，也需要保证交易的各个环节安全有效，并要制定相应的规范条例来保障交易的顺利开展。淘宝网目前已经构建了交易、支付、物流等多种功能相结合的一站式服务。

1. 使用免费策略

免费是淘宝的"杀手锏"，通过免费策略，淘宝不断培育市场，壮大市场，在C2C领域从无到有，直至独占鳌头。在当时的中国，免费策略也确实迎合了买卖双方的胃口。对当时的中小卖家来说，免费策略让其经营成本更低，甚至实现了"0成本"创业的梦想。对买家来说，免费就意味着商品加价更少了，自己可以买到更物美价廉的商品，何乐而不为！

淘宝网从2003年7月成功推出之时，就以三年"免费"牌迅速打开中国C2C市场，并在短短3年时间内，替代eBay易趣登上中国C2C第一名的宝座。

2008年10月8日,淘宝网在新闻发布会上宣布继续免费。免费是投入的一种表现,降低了中国网民和网商进行网络交易的门槛。

面对淘宝的免费政策,eBay却表现得不屑一顾,甚至强势回应称:"免费不是一种商业模式,淘宝网宣布在未来3年内,不对其产品收费,充分说明了eBay在中国业务发展的强劲态势。"但事实胜于雄辩,到2003年年底,淘宝网才用了半年的时间,就吸收了大约30万注册会员,其中也包含了很大一部分易趣的会员。

免费策略虽然让淘宝网在前期投入巨大,但从长期运营来看,无疑是非常有价值而且成功的经营策略。首先,通过免费策略,淘宝网迅速进入了当时被eBay易趣占据了80%的中国C2C市场,并在三年内击败eBay易趣,坐稳了中国C2C市场的头把交椅。其次,免费策略为以后的淘宝网收费项目做好了铺垫。虽然入驻淘宝网成为商家是免费的,消费者购买商品也是不需要交其他额外费用的,但后期淘宝网推出的很多营销工具都是需要付费的,例如直通车、旺铺智能版、淘宝客、淘抢购等。在竞争越来越激烈的淘宝网卖方市场,卖家要想获得更多的流量,必然会选择一些付费工具来开展营销活动,"免费入驻、付费经营"已经成为现阶段大部分卖家的经营状态。

对于跟eBay的对决胜出,马云这样说:"不是淘宝做得足够好,而是eBay给了我们太多的机会。"

2. 阿里旺旺和牛牛的出现

中国人所习惯的线下交易场景是这样的:跟卖家沟通,询问质量、材料、尺寸、销量等,甚至咨询商家产品颜色是否适合自己,当然,最乐此不疲的就是讨价还价了。

而当时的eBay是不允许买卖双方私下有接触的,所以没有提供任何的交流工具。eBay认为:如果买卖双方能够进行沟通,那么他们就会为了省去佣金(交易提成)而私下进行交易。这对于依靠佣金赚取利润的eBay来说,是绝对不允许的。另外,eBay按照在美国的运营模式来中国运营,认为科技的进步提升了服务质量和服务的标准化程度,买卖双方没有必要进行互动。

eBay不允许交流的做法,相当于"隔山买牛",而且双方又都是没有信用体系保障、没有工商注册的个人,在远距离的情况下,双方心里其实都是不信任对方的。另外,对商品描述中不详尽的地方也无从问起,这种方式怎么可能提高销量,快速促成成交呢?

淘宝网推出的阿里旺旺这一供买卖双方及时沟通的工具,是卖家店铺的重要组成部分,而且是完全免费的。在网购领域,它无疑已是目前中国市场上最好用的即时通信工具。阿里旺旺是将原先的淘宝旺旺与阿里巴巴贸易通整合在一起形成的一个新品牌,它是为交易双方量身定做的免费网上商务沟通软件。阿里旺旺能为买卖双方及时沟通带来便利,并能作为日后处理交易纠纷时唯一认可的官方凭证。淘宝网曾经做过一个内部抽样调查,发现90%以上的交易都是先在阿里旺旺沟通后再下单的,这足以说明阿里旺旺的受欢迎程度和存在的必要性。

总结一下,首先,阿里旺旺的产生符合中国购物环境的需要。C2C电子商务交易犹如线下的集市交易,消费者已经养成了讨论和议价的购物习惯,所以,阿里旺旺给买卖双方提供了即时交流的机会,当然,这种机会是基于淘宝网的免费策略基础上的。当年的易趣网不提供即时交流工具,就是为了防止买卖双方线上联系后再线下交易,从而省去交易佣金,而淘宝网不存在这种顾虑。其次,阿里旺旺能够促进买卖双方交易的完成。在当时中国网购信用体系并不健全的环境下,消费者通过阿里旺旺聊天,一方面可以详细了解感兴趣的商品的详细信息,另一方面也可以消除部分网购消费者的不安全感和对商品的质疑,同时,阿里旺旺的聊天记录也可以作为售后维权的证据。因此,在买卖过程中,双方使用阿里旺旺工具沟通后再交易的情况非常多见。

淘宝网为了方便卖家使用,原来的阿里旺旺卖家版集成发展成了千牛,它已经成了卖家经营店铺的必备工具之一。2019年,淘宝卖家中心直接改名为"千牛卖家工作台"。利用它,卖家可以方便、快速地管理自己的店铺,避免打开多个网站、多个界面管理店铺的烦琐和尴尬。手机版的千牛也满足了卖家随时随地管理店铺的需求。

3. 第三方支付平台——支付宝

2003年10月,淘宝网就已经推出了支付宝平台,并于2006年10月开始限制淘宝网商品必须选择支付宝交易(见图3-1)。支付宝的出现,解决了C2C交易过程中的资金流问题和网络交易时买卖双方互不信任的问题。

如今我们已经习惯了使用支付宝进行交易。为什么支付宝对于当时的C2C电子商务交易来说,是质的飞跃、了不起的进步呢?

21世纪初期,中国网络信用体系极其薄弱,虽然网络发展较快,但社会信用和银行交易保障都没有及时跟上,导致网络上交易的双方都互相不信任。

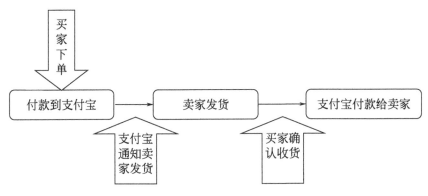

图3-1 淘宝网交易流程

钱先打给卖家,买家会担心发货时间和货物质量等问题;先发货后付款,卖家又会担心买家收到货后毁约不付款等问题。尤其是在C2C模式下,交易双方互不知晓,因为不信任而产生的支付问题就更加突出。

支付宝的出现,不仅仅解决了网上支付的便捷性问题,更重要的是,它提供了一种担保功能。买卖双方在阿里旺旺上谈好后,买家下单、付款,货款是打给了支付宝,而非卖家,等到买家收货检验商品后,同意放款,货款才能进入卖家账户。所以,这种担保功能保护了买卖双方的权益,解除了因为不信任而产生的对风险的顾虑。先付款还是先发货,这种"先有鸡还是先有蛋"的问题,便迎刃而解。

为进一步提升支付宝的金融产品属性,2013年6月,基于支付宝平台的余额宝的出现,搅动了整个金融市场,尤其是基金行业,货币基金市场发生了爆炸式的增长。余额宝属于"小散户"性质的资金户头,而这些资金大部分却恰恰是从银行的账号上转移而来的。这些散户把钱存入余额宝,余额宝把散户的钱积聚起来形成资金"大户",通过购买货币基金的形式绕一圈后又以较高的利息转存到银行,这中间,利用的就是银行为了揽储而存在的一定的存款利率差额。开始阶段,余额宝的收益率高达6%以上(远远高于银行定期存款利率),但随着有关部门监管的收紧和余额宝余温的散去,余额宝的收益率就慢慢降低了。

4. 建立了互相制约的评价体系

为了促进买卖双方基于真实的交易作出公正、客观、真实的评价,进而为其他消费者在购物决策过程中和卖家经营店铺过程中提供参考,淘宝网实行了评价制度。其实,eBay早就有评价体系,使用的是百分制的好评模式,而淘宝对评价体系进行了改进，使用星级评价模式，并且是金字塔式的等级制度。卖家很重视淘宝的这种评价体系，因为"星级""钻级""皇冠级""金冠级"这种台阶式等级晋升模式，代表着商家的销量和经营历史，在商品展示时是影响商品排名的维度之一。淘宝商家不喜欢差评，不仅是因为差评导致店铺好评率降低，信用等级降低等，更害怕后来的消费者看到之前的差评而放弃购买。

三、勇往直前，未来可期

　　淘宝网在技术革新的大背景下，不断优化平台功能，很多细节不断完善，创新的力量一直存在。

　　淘宝网上的商家要不断适应淘宝平台时时刻刻的变化，例如，行业分类的调整、营销工具的变化、店铺后台数据的瞬息万变、关键词的不断测试……，可能随时都有新开的店铺加入同类产品的纷争中，也同样会有网店关门。尤其是越来越多传统品牌的加入，更是加剧了整个平台的竞争。卖家心中都深谙一个道理：没有一成不变的工具，只有瞬息万变的数据，在这里，不能懒惰，只能创新。

　　同样被淘宝改变生活的还有买家。"千人千面"让人感觉在网络上无处可逃，你的购物欲望、偏好被大数据淋漓尽致地分析和反馈出来。甚至，你不需要费太多脑力，系统已经为你做出了最明智的决策。不管如何，你、我、他，很多人都被淘宝改变了命运。

　　目前来看，淘宝网在中国电子商务界的地位不可动摇。大数据时代，最核心的一定还是创新。

参考文献

[1] 淘宝官网. https://www.taobao.com/.
[2] 陈慧娟. 阿里创业军团. 北京：中国友谊出版公司，2016.
[3] 百度百科：淘宝网词条，https://baike.baidu.com/item/%E6%B7%98%E5%AE%9D%E7%BD%91/112187?fr=aladdin.
[4] 黄若. 我看电商. 北京：电子工业出版社，2016.
[5] 新华网. 国家工商总局：网购商品抽检不合格检出率超三成. http://finance.sina.com.cn/roll/2016-10-09/doc-ifxwrapv1065851.shtml，2016.10.
[6] 陈卫中. 互联网+阿里巴巴. 北京：人民邮电出版社，2015.11.

案例2　自营式电商综合平台：京东商城

一提起京东商城，"自营、品类全、正品联保、送货快、直达上门"等词汇便映入脑海，这个电商平台现在已经是中国最大的自营式综合电商平台。京东商城属于综合类B2C电子商务自营模式，是中国第一个成功赴美上市的大型综合型电商平台，2018年全年实现营收1.7万亿元，净收入超过了4600亿元，同比增长超过30%，2018年全年归属于普通股股东的持续经营业务净利润为35亿元。

京东，这家做自营电子商务起家的互联网企业，如同阿里巴巴一样，是中国电子商务界的传奇。作为这个时代的电子商务典范，京东虽然连续亏损12年，但却不断创造奇迹并屹立不倒，2016年第四季度开始实现盈利，算是步入正轨。

京东商城自成立以来，坚持正品行货的理念，宣扬对假货零容忍的主张。商品大部分来自于京东自营，另一部分来源于京东商城招商的"店中店"，以旗舰店或者专营店的方式入驻，有的入驻商家还会同样选择使用京东物流来提高自身竞争力。

一、赢得荣誉满钵

京东商城目前已成长为中国最大的自营式电商企业，在我国B2C领域的分量很重。艾媒资讯发布数据显示，2018年上半年在中国B2C领域，京东占比达到31.3%，天猫占比52.5%。如果京东商城的品类能继续扩大，所占市场份额应该会更高。

以下为京东取得的成就：

中国收入规模最大的互联网企业；

拥有中国电商领域规模最大的物流基础设施，"亚洲一号"现代化物流中心是当今中国最大、最先进的电商物流中心之一；

荣登2015年《财富》中国500强，位列第45位，稳居互联网公司第一。

2014年5月，京东集团在美国纳斯达克证券交易所正式挂牌上市，是中国第一个成功赴美上市的大型综合性电商平台，并成功跻身全球十大互联网公司排行榜；

2015年9月和11月，京东获得两项中国排名荣誉，分别是京东综合排名蝉联"中国电商力量排行榜"首位和京东集团蝉联"第一财经·中国企业社会责任榜"杰出企业奖；

2016年、2017年、2018年连续3年京东入榜《财富》全球500强；

2018年6月，京东与谷歌签订战略合作协议；

2018年11月，京东金融完成品牌升级，京东数字科技成为整个公司的母品牌，旗下包括京东金融、京东城市、京东农牧、京东钼媒、京东少东家五大子品牌。

二、京东商城的战略发展

首先，京东的崛起要追溯到3C数码。

3C数码产品在零售商品类目中，属于一个大品类，不仅单价高、商品标准化程度高，而且数码产品品牌相对集中。因此，京东从3C数码产品入手，利用亲民的价格和快速的送货、售后服务等很快赢得了大量用户的信赖，取得了较大的交易额。尤其是2006年至2007年，在网上购买手机、电脑等数码产品的用户明显增加，因为此类产品单价较高，网上的商品价格具有明显的优势，而当时的电商平台"水货"占很大比例，这时京东开始在3C数码产品上发力，并很快形成了较强的市场影响力。

这不同于淘宝起步时的商品品类。2003年淘宝成立时，我国物流配套设施不健全、诚信体制欠缺、网上支付方式较落后，这时候上网的消费者买低价商品和虚拟产品的较多（例如游戏币等）。但京东不同，它选择了高价值的3C数码产品，宣传保证正品行货，低于线下实体店的价格成了它最有力的武器，超越当当网、卓越网等，迅速扩张。

其次，不断扩张品类，走全品类经营道路。

天猫等B2C平台出现后，很多淘品牌树立起来，在服装、鞋包、美妆和家居等多个方面发力。面对竞争和压力，京东开始类目的横向拓展，把触角延伸到图书、日用百货、家居、厨具、服装、美妆等类别，把京东商城打造成综合网上B2C平台，试图淡化数码平台的影子，走全品类经营的道路。

这当然是明智之举，是其发展过程中聪明的发展战略。品类的扩张，是在现有客户基础上继续共享、提高现有仓库使用率的举措，是现有配送业务在新的商品类目上的继续延伸，是平台可扩展性的进一步体现。3C数码产品属于高价商品，购买者有较强的购买力，这些消费者在京东商城体验购买百货、书籍、厨具等类目的商品时，在价位上更容易接受。而且百货的利润率要高于3C数码产品,这就提高了京东商城的利润率,为以后的平台盈利提供了更大的可能性。

再次,邀请卖家入驻,开设"店中店"模式。

靠自营模式横向拓展类目,不仅投入大,而且速度较慢,所以京东开设了平台模式,也就是店中店,邀请卖家入驻,通过收取佣金的方式增加商品种类和数量,并增加平台收入。而入驻的商家既可以选择利用圆通速递等第三方物流配送商品,也可以选择利用京东完善的仓储配送体系完成发货(见图3-2)。

① 注册	② 填写/提交信息及资料	③ 等待京东审核	④ 商家缴费,开店
• 注册京东个人用户账号; • 进入京东用户中心验证手机和邮箱; • 进入商家入驻页面,点击"我要入驻"; • 确认入驻协议,查看入驻须知,录入开店联系人信息。	• 填写公司、店铺信息,提交资质; • 选择店铺名称及域名; • 确认在线服务协议。	• 京东7个工作日内反馈审核结果; • 商家可查询入驻审核进度,及接收入驻进度邮件通知。	• 商家在线缴费; • 京东确认缴费无误; • 店铺开通; • 商家登录后台。

图3-2 京东商家入驻流程

"店中店"的模式在我国最早产生于淘宝商城,即后来的天猫。它模仿线下已经运行多年的百货公司、大型商场等销售扣点方式,既能提高销售额,又能获得不菲的扣点提成。当然入驻商家也更愿意接受扣点这种模式,因为是按照实际成交结果付费,比先付费模式更显公平。另外,第三方卖家入驻平台时,平台会收取固定的技术服务费,这就相当于实体商场中的摊位使用费。但目前来看,商家入驻的"店中店"模式是京东的补充模式,自营模式还是主流。

现在,京东商城在自营模式和开放平台的双向马车拉动下,商品类目横跨了3C数码产品、服装、鞋包、美妆、食品、户外、汽车用品、母婴、玩具、家居、医药保健等多个类目,基本囊括了生活中日用百货的方方面面,迎合了京东宣传语"多快好省"中"多"的特点。

最后,科技革新,人工智能驱动。

未来的京东将是一家无人化、自动化运营的公司。用更现代化的科技来取代成本高、效率低的人工劳动力是大势所趋。

京东的配送体系是其一大特色，也是京东用户享受"端到端"网购服务的保障，物流配送体系的智能升级得益于科技的进步和人工智能的驱动。2018年11月，全球首个机器人智能配送站在长沙落地时，惊艳了很多人，这标志着全球第一个由机器人来完成送货任务的智能配送站正式实现并落地。设想一下，未来你在京东下单后，机器人在仓库分拣完商品后，再将商品装入智能机器人，这个灵动的机器人装载着GPS等设备（见图3-3），具有自主导航行驶、智能避障避堵、红绿灯识别、人脸识别取货等众多功能，从机器人"手里"接过货物的你，惊叹之余还会怎样？

图3-3　京东配送机器人

还记得"亚洲一号"吗？这个位于上海嘉定的出货仓，是京东第一个全流程无人仓库，里边工作的全是机器人（见图3-4）。据透露，目前江浙沪70%的手机都在这个仓库出货，效率比以往竟然提高了70%。工作人员在接受日本电视台采访时曾说："在这里，从下单到装车，最快只需要短短的40分钟就行了。""亚洲一号"是京东在无人仓库领域的成功尝试，阿里巴巴也不甘落后，广州惠阳的菜鸟物流仓库也是一个无人物流仓库！

曾经的京东无人机送货是热点新闻，能更好地解决"物流最后一公里"的问题，尤其是偏远地区和交通不发达地区。所有这些，都是为了提高物流效率，增强客户体验感。因为在电商时代，物流配送速度是电商平台之间相互较量的重要因素之一！

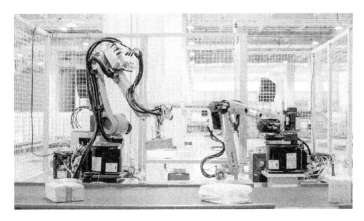

图3-4 京东"亚洲一号"仓库中的机器人

三、打价格战是一种竞争手段

价格战是很多电子商务平台使用的竞争手段,是企业发展自我,聚拢消费者的一把双刃剑。合理的价格战,可以迅速给电子商务平台带来巨大流量,提高订单量和销售额,扩大电商品牌知名度。同时,消费者也可以从价格战中得到实惠,购买到价格更低的商品。但是,价格战也有负面影响,尤其是真正负毛利的商品的价格战,为了控制成本,商家都会进行限量销售,大多数用户闻风而来、失望而归,未来的很长一段时间,这些没抢购成功的用户都可能不会多花钱来买标价变高了的同样的商品。另外,网上的价格战有时会有名无实,个别商品调低价格后,却使更多商品的价格上涨,一旦被发现,会极大地伤害到消费者。一些有价无货、雷声大雨点小的价格战,也会让消费者挥袖而去。

京东商城和当当网都是图书类网售的重要力量,两者曾经在图书领域掀起了价格战的波澜。

在京东和苏宁易购的价格战中,京东赢得了大量用户,苏宁易购的扩张速度在一定程度上放慢。2012年8月京东和苏宁易购展开的价格战堪称最疯狂的一次。

京东和天猫的价格战,从未停止。

每年的6月18日是京东店庆日,慢慢演变成了"购物狂欢节";"双十一"是淘宝天猫2009年11月11日开始举办的网络促销活动,现在"双十一"已经成为中国电商界的年度盛典,京东和阿里巴巴创造的这两个电商购物节的竞争从未消停。但不管如何,消费者都可以乐观接受价格战,因为打得越激烈,消费者越受益。

价格战就是竞争对手之间互相压价、减缩利润、扩大销售量的手段。互相间的恶意叫板并不是理性的竞争思路,也不具有可持续性,因此,电子商务平台不能过度依赖价格战。

四、秉承"正品行货"的理念,实行价格保护政策

自2004年成立以来,京东商城坚持"正品行货"的理念,对假货零容忍。京东商城致力于为消费者提供愉悦的在线购物体验,通过内容丰富、人性化的网站和移动客户端,以富有竞争力的价格,提供具有丰富品类及卓越品质的商品和服务。京东宣传语"多快好省"中的"好"就是正品行货、精致服务的意思。

在京东的交易条款中,京东有关正品的承诺是:"我们秉承质优价低、放心满意的销售理念为您服务。我们所出售的商品均为正品行货,与您亲临商场选购的商品一样享受相同的质量保证;含有质量保证书的商品按照保证书的承诺执行,其他商品按国家有关规定执行"。

京东商城向消费者保证所售商品均为正品行货,京东自营商品开具机打发票或电子发票,为消费者的维权提供了票面依据和法律凭证。另外,京东所售的商品,凭借发票,可享受全国联保服务(奢侈品、钟表除外,奢侈品、钟表由京东联系保修,享受法定三包售后服务),与在商场或者专卖店选购的商品一样享受相同的质量保证和售后服务。京东商城把"正品行货"做到底,取得了消费者的信赖,符合综合类B2C电子商务平台的特点和要求。

为了保护消费者权益,京东商城对一定时期内购买的商品实行价格保护政策。如果购买完商品后价格发生了变化,消费者可以在此申请价格保护,经京东客服人员审核并通过后,京东将如数退还多付货款或返还相应的余额到消费者的账户。

因为商品价格随市场价格的波动每日都会有涨价、降价或者优惠等变化,这也是正常的市场现象和营销促销手段,所以,京东商城对商品申请价格保护是有条件限制的。京东只对自营的商品实行价格保护政策,对于第三方商家销售的商品,需要卖家加入"7天价保""15天价保""30天价保"服务才行。另外,京东对申请价格保护的期限也做出明确的规定。例如,家电类商品自订单商品妥投之前及妥投30天内可申请价格保护;手机类商品在订单商品妥

投前及妥投20天内可申请价格保护；通信以及日用百货类商品自订单商品妥投之前及妥投7天内可申请价格保护；图书类商品在订单商品妥投之前可以申请价格保护；生鲜、农用物资等市场价格变动较大的商品，京东则不会实行价格保护政策；家电、图书、数码、通信、日用百货之外的其他商品也不支持价格保护。

这种价格保护政策对价格敏感的用户影响较大，一方面，网络可以让他们随时查看到商品价格，另一方面，价格保护政策可以保护他们的权益。

五、注重用户体验

B2C平台的生命核心就是用户体验，用户体验一般有四个核心要素：第一是网站设计；第二是产品质量；第三是价格；第四是服务。而这四个要素恰恰是京东商城一直看中并时刻警惕的。

网站设计方面，京东商城作为一个网上交易平台，注重把网站的易用性和丰富性相结合。易用性是网站的一种品质属性，最直接的体现就是用户能够在网站上很轻松地找到自己所需的商品和信息，并从容完成一系列流程，从而达到自己的访问目的。京东首页上部提供的搜索引擎以及左侧提供的全部商品分类，能让用户轻而易举地找到商品。除了简单易用的界面外，京东还提供了丰富的功能和活动，如天天低价、618活动、1元抢购、拼单、充话费、彩票等，满足了不同消费者的多样需求。

京东商城的"还没逛够"是根据用户近段时间的搜索和浏览习惯，系统综合分析后推选出的顾客可能感兴趣的商品。系统自动记录顾客的消费习惯，用大数据分析找出顾客感兴趣的商品，这既是一种网络营销方法，也是为顾客服务的一种能力。以顾客为中心的策略，为京东赢得了稳定的客户群，稳定的客户群也为京东带来了可观的销售量和利润。

六、多方布局，电子商务、金融和技术齐发力

京东是自营电子商务起家，模式同全球最大的电子商务公司亚马逊一样，电子商务已成为京东的坚强后盾。天猫商城坐拥淘宝网的商流、信息流，支付宝保护下的资金流，很容易就做好了引流，并依靠全国众多的快递企业实现了商流。而京东逆势而上，自建物流体系，解决了电子商务"最后一公里"的物流难题，利用"快"的特点完成了华丽转身。在物流环节和顾客体验方

面，京东在众多B2C平台中更为突出。京东除了积极扩张和布局电子商务以外，还在金融和技术方面不断发力。

京东白条、企业金融、京东众筹、理财等京东金融产品不断升级发展，已经成为京东新的利润增长点。2014年5月到2016年10月，京东利用两年半的时间拥有了七条金融产品线。例如，京东金融在2016年10月正式启动了互联网黄金投资产品"京生金"项目，目的就是实现黄金投资的一站式服务，也是互联网黄金投资的一款新产品。我国第一款线上信用支付产品"京东白条"，能让消费者像使用信用卡那样通过赊账在京东商城购物，这既解决了一些消费者货到付款需在家坐等的苦恼，也提高了物流人员的送货速度，同时增强了消费者在京东购物的信心和体验感。未来，"京东白条"可能不仅应用于京东商城购物本身，还会延伸到其他电子商务领域，从而会带来更大的发展空间。京东金融CEO陈生强说："对于京东金融，未来一定要走出京东的体系，成为一家技术驱动、可以输出金融科技的公司，就这么简单。"

电商巨头亚马逊在技术方面的发展取得傲人成绩，它所开发的AWS（Amazon Web Services，亚马逊网络服务）云计算业务带来的收入已经成为亚马逊最主要的营业收入和利润增长点，并在2015年赶超了亚马逊的商城营业利润。自从2002年亚马逊首次实现盈利以后，它就在技术上不断进取，开发出了云计算、Kindle电子书、FBA（亚马逊物流配送）、Prime会员等。京东除了在电商、金融发力外，也看中了技术这块未来的发展核心。京东利用技术不仅保障了自身的需求，还支撑了京东的业务发展，使其能够快速准确地管理商品和客户。在对外技术服务上，京东主要通过京东云来实现，目前，京东云的对外业务简单来说就是"两个基础平台+四个行业解决方案"。"两个基础平台"包括基础云和大数据平台，"四个解决方案"指的是京东优势所在的电商云、物流云、智能云和行业云四个方面的经验技术。京东根据市场需求规划的这一整套系统性解决方案，为传统企业提供了先进且实用的"互联网+"服务。

七、竞争激烈，问题亟待解决

B2C的发展在全球受到青睐，涌现出了亚马逊、Zappos、京东商城、当当网、唯品会等众多的优秀网站，京东商城在我国B2C模式中是佼佼者，但其所面临的竞争同样激烈。

首先，B2C市场竞争激烈，京东面临的竞争压力大。

就市场大环境而言，B2C市场竞争日益激烈，越来越多的竞争者纷纷加入B2C行业，线下企业通过整合自身的优势资源也逐步加入B2C网络销售的队列，而且竞争对手的实力不容小觑。例如天猫、苏宁易购、国美在线、唯品会、聚美优品、当当网、亚马逊等电商平台都是消费者耳熟能详的B2C购物平台，乐蜂网、中粮我买网、优购网等受到市场青睐，发展势头良好。

面对如此激烈的市场竞争，京东除了要练好自身功夫外，还要加强与外部深度合作。京东已经与腾讯达成深度战略合作，2016年6月，京东又从沃尔玛手中接手1号店，与沃尔玛达成深度战略合作，这不仅有利于京东扩大服装、百货等商品的市场占有率，尽快摆脱"家电电商"的标签，而且可以借助战略合作方的资源，积极对抗竞争对手的进攻。

从市场份额来看，京东的最大竞争对手就是阿里巴巴旗下的天猫，除了在传统的B2C领域的竞争，京东和天猫也都积极布局O2O。京东与微信的战略合作，大量引入了流量，为京东的O2O模式增加了砝码。如何联合便利店解决线上和线下交互体验的问题，如何利用快速的物流服务，如"定时达""15分钟极速达""上门体验""就近门店的售后服务"等，在O2O领域完胜，对于京东来说，既是机会也是挑战！

其次，物流成本过高的问题一直阻碍其更大的发展。

京东运行自营物流体系，并不是采用第三方物流的方式来运输产品，这就需要京东在各地自行铺设物流渠道，大批培养自己的物流配送人员，但这会导致其物流成本增加。为了应对高额的物流成本，京东从成立后，多次上调免运费的标准（见表3-2）。

表3-2 京东物流运费调整历程

时间	免运费标准（普通会员/钻石会员）	不免邮加收运费	自提费用
2004—2011.11.24	全场免运费	0元	0元
2011.11.25—2014.2.26	39元/免运费	5元	0元
2014.2.27—2015.4.1	59元/39元	5元	0元
2015.4.2—2014.3.31	79元/59元	5元	0元
2016.4.1起	99元/79元	6元	99元以下加收3元

事实上，京东并不是市场唯一提高免运费额度的B2C平台。2014年4月1日，苏宁易购开始收取配送费，将免运费门槛定为48元，2015年5月25日，这一标准再度被上调到69元，到2016年5月31日起，免费门槛再次提高到了

86元。2012年2月亚马逊中国把免运费门槛从0元调至29元，2014年1月提至49元，而到2014年年底，消费者一次性购买99元的商品才能享受免运费。此外，1号店、国美在线、当当网、顺丰优选等B2C电商平台，也是视单笔订单消费额度，收取一定金额的配送费。提高免运费标准，可以说是行业的大势所趋，更是B2C电商回归理性的表现。提高了运费标准后无疑增加了消费者的购物成本，但网购眼下已成为趋势和消费习惯，如何让消费者在网购中购买到更加高品质的商品和享受到更高质量的服务体验，才是京东物流提价后需要关心的问题。

再次，第三方卖家在发货速度和售后服务上不能与自营媲美。

为了迅速扩张版图，京东在自营商品有限的情况下，入驻了很多第三方卖家，以旗舰店或者专卖店的形式入驻。第三方卖家发货时，一种情况是委托京东物流发货，另一种情况是委托第三方物流公司发货（如圆通、申通等），这使得第三方卖家的发货速度并不能与京东自营商品相提并论。同时，在第三方卖家商品的售后方面，因为商品的售后服务是由第三方卖家提供，难免可能会出现售后响应慢等诸多问题。

不管存在问题多少，到目前为止，京东都是我国B2C模式的佼佼者，其零售模式和自建物流模式开创了我国电子商务的新领域，有许多值得同行们学习和借鉴的地方。梁宁女士在《产品思维30讲》中说，在B2C领域，自营模式的京东只要进入哪一个品类，别的电商平台就很难再有机会。

参考文献

［1］京东官网．https://www.jd.com．
［2］黄若．我看电商．北京：电子工业出版社，2016．

案例3　天天特卖：唯品会

唯品会是一家被誉为"唯美、品质、时尚汇"的特卖网站，于2008年8月在广州正式成立，在中国开创了"名牌折扣+限时抢购+正品保障"的独特商业模式。截止到2018年底，唯品会会员累积超过3亿人，用户复购率高达85%。唯品会凭借其特卖优势，目前已成为全球最大的特卖电商平台之一。

唯品会的最初域名是https://www.vipshop.com，后来更改为https://www.vip.com，对于"vip"这个独特的域名，唯品会官网用感性的语言使用户感到被尊重，内容如下。

> 亲爱的VIP：
>
> 请允许我这样称呼您，
>
> 因为从您来到VIP.com开始，您就成为唯品会生命中最重要的人。
>
> VIP于世人，是Very Important People；
>
> VIP于唯品会，是为您奉上"精选商品""独享低价""尊享服务"的全方位尊贵体验；
>
> VIP于您，是尽情享受品质生活、主宰自我潮流风范的潇洒自如：在唯品会，您就是时尚的VIP——不为款式纠结，既会一"件"钟情，也能万"件"穿心；不被潮流绑架，只"范"来张口，衣来伸手；不管流行准则，懂"衣"态万千，更能自成"衣"派……
>
> 您，与唯品会的相遇，注定就是时尚VIP的传奇。

一、唯品会破茧成蝶

自2008年成立之日起，唯品会给自己的定位就是"特卖"，一时间，"特卖"几乎成了唯品会的代名词。早10点和晚上8点，每日两场特卖，全年无休。

经过几个月的试运营，唯品会订单收获寥寥。因此，调整势在必行。

第一步，初创3年，在美国迅速上市。

唯品会CEO沈亚说起做特卖的渊源，笑称是看到了女人们在法国名品折扣网上抢购名牌折扣包后受到的启发。但法国的特卖模式照搬到中国并不合适，国内的消费水平和对网购的认知完全不同于法国这种发达国家。高端奢侈品特卖模式的结果是，寥寥的订单提醒着唯品会的运营专员们，改变迫在眉睫。于是，根据当时中国用户消费水平，唯品会首先选择了本土化的中高档大众时尚品牌。一方面帮助这些品牌把库存清仓，如大批量采购、独家专供等模式；另一方面也对当季新品打折促销。通过一系列合作，唯品会和品牌商建立了合作信任关系，为后续扩充品牌和上市做准备。

2012年3月23日，唯品会成功登陆美国纽约证券交易所（NYSE）完成上市。

生正逢时加上创新的特卖模式,唯品会成立3年多即完成上市,唯品会的步伐令业界刮目相看。2008年全球遭遇金融危机,品牌商积压了大量的产品库存亟待处理,而中国消费者,尤其是年轻一代,喜好品牌但迫于经济压力无力购买的人群,打折的品牌商品正投其所好。所以,唯品会抓住了那个时期的机会,快速崛起。

第二步,2013年1月,唯品会把自己定位为"一家专门做特卖的网站"。

唯品会在美国上市后,并非一帆风顺,股票价格跌宕起伏。

> 2012年3月23日,唯品会发行价为每股8.5～10.5美元,每股下调至6.5美元,首日开盘即破发,并一度跌至每股4美元。
>
> 2012年下半年,市场开始反弹,重回发行价每股6.5美元。2013年2月,唯品会实现盈利,其股价一度飞至每股229美元,较最低时暴涨了近60倍。
>
> 2015年起,唯品会股票跌落神坛,徘徊在50亿美元左右。

唯品会从一开始就定位为特卖,2013年在官网通过宣传语——"一家专门做特卖的网站"把定位清晰传递给大众,是其对定位的进一步明朗化。不同于淘宝、京东等综合型电商平台,唯品会是一家典型的垂直电商平台,主要以女性为消费目标群体,商品品类也主要集中于女性常买的服装、鞋帽、饰品等,利用价格优势把特卖做得有声有色。"一家专门做特卖的网站"在消费者中广为流传。

第三步,品牌定位再升级。

2017年6月2日,唯品会宣布品牌定位升级,唯品会副总裁冯佳路发布公开信,宣布广告语从大家熟悉的"一家专门做特卖的网站",升级为"全球精选,正品特卖"。这个宣传语的转变,表明了唯品会在垂直电商方面的升级,唯品会不再局限于销售尾货和库存的尾货特卖模式,而是希望进入销售新款、正价商品等更高附加值、更高利润率的产品市场,全球精选商品是其销售属性。唯品会另一位副总裁黄红英表示:"电商只有一种'护身符',那就是做正品。"那么,唯品会强调正品就显得尤为重要。

宣传语的转变源于中国消费者购买实力的提升。麦肯锡、尼尔森等咨询公司给出的相关报告中都提到,中国主力消费人群正日渐年轻化,而年轻的中国消费者消费能力强,且愿意购买奢侈品,关注产品的安全、品质、个性化、社会责任等多过于价格。因此，唯品会想从处理库存、主打价格优势的印象中脱离出来。

第四步，巨头入局，抱团取暖。

2017年12月18日，腾讯、京东向唯品会投资8.63亿美元，双方分别持有唯品会全部已发行股份的7%和5.5%。两者纷纷在其网站和App加入唯品会入口，帮助其引流。

唯品会作为垂直电商的领军企业，相对于综合性电商平台，垂直电商获取流量会变得越来越难。与阿里、京东结成战略联盟关系，被称为"中国电商第三"的唯品会的一个明智选择。在如今流量为王的互联网，分流巨头流量，对其未来发展具有战略意义。

二、独特的唯品会

电商时代，运营模式层出不穷，要在瞬息万变的互联网时代生存，并非易事。唯品会依靠其特卖模式，构建了自己的"电子商务帝国"，海量品牌和存量用户的优势，给了唯品会持续性发展的实力。截止到2018年第四季度，唯品会超级VIP人数达到320万，环比增长了38%。唯品会成功的秘诀有以下两点。

第一，唯品会清晰的独特定位。唯品会2008年开始做特卖，较早进入品牌限时特卖这个垂直领域，虽然后来者纷纷效仿，但它先人一步抢占了市场，后来者也没有对它构成太大的威胁。统计数据显示，在商品品牌、品质方面唯品会优势凸显，有40.8%的网购消费者对它认可，领先于其他购物网站。可见唯品会特卖模式的"精选品牌、正品保障"的特点已经深入人心。这主要得益于唯品会通过品牌授权、买手直采、商品溯源及质量抽检四重保障来确保消费者最看重的品牌和品质。

第二，唯品会善于抓住消费者的心理。它成功抓住了当前最有活力的消费主力的心理：他们有一定的消费能力、渴望名牌，但又迫于收入有限，承受不起正价，唯品会就成了他们满足需求的一个选择。唯品会通过买手选择一些目前比较流行的产品，并且与厂商谈出一个较高的折扣，以特卖的形式出售给用户。这样，唯品会既满足了用户的需求，也给品牌带来在合理折扣范围内清仓的机会。总之，唯品会既抓住了用户对名牌商品的渴求，又满足了众多国内品牌商清理尾货的愿望。

唯品会根据客户需求，研究客户心理活动，不断更新网站功能。例如，开始唯品会是没有搜索框的，但随着品牌和产品越来越多，"橱窗式"展示已经到了不能充分显示的境地，唯品会上线了搜索框（见图3-5）。

图3-5　唯品会搜索框

随着智能拍照手机的普及和消费者搜索习惯的改变，使用"拍照搜索"进行网购的年轻人越来越多。有数据显示，有25.3%的中国手机用户偏好使用"图像搜索"表达意图，尤其对非标商品，很多时候"一图胜千言"。因此，在2018年5月，唯品会又上线了自主研发设计的"拍立购"功能（见图3-6）。根据唯品会数据分析，拍立购的用户画像与唯品会的用户画像基本吻合，核心用户是二至四线城市的80～95后女性。其中，90后女性的使用占比达到42.8%。90后明显对新的技术更感兴趣，也更愿意尝试，80后则购买力更为强大。按照用户搜索记录及品类销售分析，用户最主要搜索的是女装、美妆及鞋靴，与唯品会主要在售商品吻合。据唯品会数据反馈，"拍立购"的日使用次数稳定在近百万次，对提高销售额有明显的效果。

图3-6　唯品会"拍立购"功能

但随着消费升级，消费者不仅仅满足于尾货或清仓的商品，而是越来越对名牌新品有购买欲望。唯品会能够顺应市场，在特卖上力争做到商品的价格低且款式新颖。

第三，完善的购物保障。首先，独特的买手模式。唯品会销售的是品牌商品，这类商品，尤其是服装、化妆品等，利润高，并且容易制作出差异化产品，加上唯品会的团队能力很强，尤其是其拥有强大的买手团队，采取买手直采的模式进行全球采购。资料显示，唯品会在全球11个国家和地区拥有1600余人的买手团队，他们根据用户消费大数据及全球流行趋势直接在源头进行采购，确保品质。不仅可以找到热销的款式，而且利用超强的议价能力拿到非常低折扣的商品，既满足了用户低价购买名牌商品的需求，又能保持较高的利润。其次，品牌授权。目前唯品会与包括SK-II、欧时力（Ochirly）、瑞思（Swisse）、玉兰油（OLAY）等国内外知名品牌在内的超过19000个品牌进行合作,其中2000多家为全网独家合作品牌,品类涵盖服装、鞋包、美妆、母婴、家居等。再次,商品溯源。唯品会与广东海关共建全球质量溯源体系,可以让消费者在商品质量溯源模块查询到商品的各类信息,真正做到"明明白白消费,安安心心购物"。唯品会亦是全国首家把商品溯源延伸到境外的跨境电商平台。最后,为了保证商品质量,唯品会还采用质量抽检的方法。唯品会重磅引进具有百年历史的国际权威质检机构瑞士SGS(Sociebe Generale de Surveillance S.A.,通用公证行)认证,对销售的特定产品进行独立第三方滚动抽检,以确保商品品质。

唯品会的运营流程类似于流水方式,在向合作企业拿到产品之后,由摄影部门给模特拍照,照片处理好之后上架销售。由于唯品会的主营模式为限时折扣,所以唯品会的日常运营流程主要为拿货、拍照、上架、销售。

在网站界面上,前期唯品会与其他购物网站(如京东、天猫等)不同,没有站内搜索功能,它采用的是一种被称为"逛街式"的购物界面。站内直接搜索是大多数购物网站采用的方法,也是消费者习惯使用的获取商品信息的方式,但对于服装等产品,女性更喜欢通过逛街式无目的地浏览及站内推荐的方式来获取商品信息。据调查显示,35%的网购消费者习惯于在网购网站内直接搜索商品,这类网购消费者有明确的购物目的,偏好有精准搜索栏的购物网站;而25.5%的网购消费者喜欢逛街式无目的地浏览,在逛的过程中发现自己喜欢的品牌和商品。最初,唯品会就是提供"网上逛街式"的购物体验,商品以"品牌橱窗"的形式展示,消费者被品牌打动,点击品牌橱窗,进而浏览这个品牌下的商品详情。逛街式的浏览过程带来的惊喜感、满足感和幸福感,是吸引消费者"天天都来唯品会看看"的主要原因,也造就了唯品会全网领先的复购率。另外,为进一步满足用户个性化的购物需求,唯品会结合美国海外研发中心(美国硅谷)的大数据挖掘功能,打造千人千面的逛街式购物场景。

后来,随着加入唯品会的品牌商和产品越来越多,唯品会也适时加上了搜索功能,但其"品牌展窗"的展示形式仍然延续。

目前,唯品会逐渐从经营一线奢侈品转型主营二、三线名品,消费群体人数呈上升走势。除此之外,虽然特卖模式是品牌商消化库存的一种方式,但它却与TJX不同,TJX是成立于1976年的一家美国零售折扣商,它为上游供应商提供尾货的一站式解决方案,由它来承担全部的库存风险,不向供应商退货,所以,它为自己争取来的利益就是高达40%的采购毛利润。而唯品会不同,它自身并不存在很大的库存风险它只会把剩余的"库存中的库存"

推给品牌商，所以，原则上它只是帮助品牌商消化掉了一部分的积压库存，因此，唯品会的毛利润只能争取到24%左右，不会像TJX那么高。

在唯品会的发展过程中，虽然为了摆脱垂直电商的特质而进行了一系列的改革，包括通过扩品类做平台电商和在2018年5月宣布做社交电商等，但都未持续很长时间。在2018年7月，董事长兼CEO沈亚在唯品会广州总部的战略会上宣布回归"特卖"战略，聚焦"好货"，强调"做自己一直以来最擅长的事"。这一信号被解读为唯品会回归"特卖"电商战略，要做全渠道、全矩阵、系统化的特卖体系。分析2018年下半年的运营数据，事实证明，在消费者逐渐回归理性的时期，唯品会的特卖方式更突出了商品性价比高的卖点，满足了消费者消费升维与理性消费的需求。

总的来说，随着我国消费者消费能力的升级，网购用户由以前一味关注价格便宜，升级为注重商品品牌和品质，而这一发展趋势正好与唯品会所坚持的"精选品牌、深度折扣、限时抢购"的正品特卖模式相吻合。如何在特卖模式下为用户提供"都是傲娇的品牌，只卖呆萌的价格"的购物体验将是唯品会不断追求的目标。

参考文献

［1］唯品会官网．https://www.vip.com/．
［2］网易．唯品会的发展历程：成立3年即赴美上市．http://tech.163.com/12/0323/23/7TAMMP8200094L5P.html，2012.03.23．
［3］舒虹．回归特卖：一场唯品会式的"饱和攻击"．搜狐，http://www.sohu.com/a/247466207_99981833，2018.08.16．

第 ④ 章
电子商务让综合服务更强

案例1 幸存下来的团购网：美团网

在讲团购网站美团网之前，我们先来聊聊O2O，因为团购网站是典型的O2O模式。

O2O一词起源于美国，最早被引入中国大概是在2010年年底。O2O模式一被引入中国，就发展得如火如荼，尤其是团购类型的O2O，甚至出现了千团大战的壮观场面。那么，到底什么是O2O模式呢（见图4-1）？

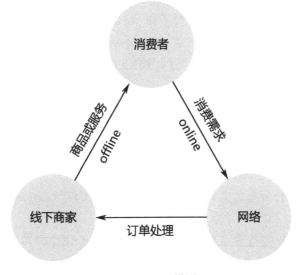

图4-1 O2O模型

电子商务经典案例分析

　　首先，O2O模式是电子商务众多商业模式中的一种，包含在电子商务这一概念中（狭义的电子商务就是交易各方利用互联网进行商务活动）。其次，O2O也就是线上和线下（Online To Offline），具体是指将线下的商业活动与线上的互联网相结合，让互联网成为线下交易的延伸。

　　据资料显示，TrialPay的CEO亚历克斯·兰佩尔最早正式提出了O2O的概念。他认为，O2O即Online To Offline，在线对应线下实体，O2O模式的核心在于"在线上找到消费者并将其带入实体店"，它针对的是那些无法"塞进箱子快递到门口"的非实物消费，消费者可以在线上选购和支付，然后去线下消费享受，如汽车保养、美容养颜、旅游住宿、健身、餐饮、看电影、亲子活动，等等。再次，O2O不仅仅是线上和线下简单的两个方面，它应该是一个不断循环、不断推进的过程。亚历克斯·兰佩尔也指出，O2O模式不仅能驱动线上消费者到线下的实体店中去消费和享受服务，实现线上到线下的引流；同时也能驱动线下的商家将资源整合到线上，将本来线下的消费者带到线上来，实现双向的引流。

一、团购鼻祖Groupon

　　成立于2008年11月11日的Groupon（高朋）是全球最大的团购网站之一，被称为"团购鼻祖"，我国的团购网站大都是模仿它。作为O2O的始祖，Groupon最初的团购模式非常单一，它每天只发起一笔交易，提供一个本地服务类型商家的折扣产品，每个消费者每天只能团购一次，一旦购买该商品的人数达到预期数量，交易就会生效，Groupon在交易中提取一定的交易佣金。因为是服务类产品，摆脱了物流等烦琐的过程，所以它属于一种轻资产模式，发展迅速，后来参与的团购商家越来越多，更多的实体商品加入了进来，当然，Groupon团队的规模也像滚雪球一样越来越大。

　　2010年12月，Google提出以60亿美元的价格收购Groupon，但是当时Groupon发展势头正旺，想走独立发展的道路，就直接拒绝了被收购的方案。

　　2011年11月，Groupon在纳斯达克上市，市值达到了177.184亿美元，这样的IPO（首次公开募股）规模在当时仅排在2004年Google的IPO之后，位居次席。

　　Groupon的业务范围主要集中在欧美，曾经在16个月内把业务拓展到了45个国家，之后业务版图更是覆盖了49个国家的500多个城市。中国是一块大蛋糕，任何电商巨头都不想轻易错过，Groupon当然也不例外。2011年2月

15日，Groupon和腾讯合作的高朋网上线，标志着Groupon进入了中国市场，中文名叫高朋网，可惜遇到了当时残酷的"千团大战"，结局可想而知。

二、"千团大战"

由于Groupon团购模式的"火爆"，在21世纪初掀起了中国团购行业的发展热潮。据统计数据显示，到2011年5月，我国团购网站的数量已经超过了5000家（见图4-2）。拉手网、美团网、糯米团等在资本和城市扩张上一时混战，硝烟四起。当时各大知名团购网站开始了一轮又一轮的融资战、广告战、拉锯战、阵地战等，被称为"千团大战"。

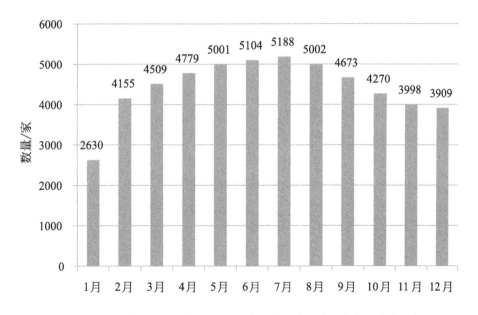

图4-2　2011年中国团购网站数量（数据来源中国电子商务研究中心）

说起当年的"千团大战"，只能用"惨烈"来形容。2010年，受Groupon的影响，中国团购网站如雨后春笋般崛起，一夜间，团购网站达到了上千个！因此，2010年被称为"团购元年"。国内的中国团购网站融资达到了70亿元人民币，在风投公司的支持下，跑马圈地的"烧钱"模式绝对不在话下。当时，拉手网等知名团购网站扩张速度飞快，在200个左右的城市抢占了市场，而当时的美团只覆盖了94个城市。各大媒体对"千团大战"的情况也进行了大肆报道，甚至中央电视台相关节目专门关注团购模式的火爆程度以及背后的乱象丛生。

"千团大战"的战火在2011年下半年开始慢慢熄灭。据第三方机构统计，截至2011年底，经过厮杀，国内团购网站数量已从5000多家减少为2000多家。2011年底的统计数据显示，接近90%的团购订单都来自排名前20的团购网站。到2014年，团购市场出现了"三足鼎立"之势，美团网、百度糯米、大众点评成了最后的赢家。

三、笑到最后的美团网

美团网是2010年3月4日成立的团购网站，是中国最早成立的团购网站之一，也是我国O2O模式的先行者之一，发展至今，已经成为中国销售额最大的团购网站之一。按照美团官网披露，2018年第三季度，美团的总交易金额达1457亿元人民币，同比增加40%。截至2018年9月30日，美团年度交易用户总数达3.8亿，平台活跃商家总数达550万，在餐饮、外卖、酒店旅游、丽人、亲子、休闲娱乐等领域，都具有领先的市场地位。

美团网的主要发展历程如下：

2010年3月4日，王兴推出美团网；

2010年3月，获得天使投资人王江的种子投资；

2010年5月4日，美团网上海站上线；

2013年11月，美团外卖正式上线；

2015年10月8日，大众点评与美团网宣布合并（美团大众点评），成为中国最大的O2O服务企业；

2016年1月，美团大众点评完成首次融资，融资额超33亿美元，融资后新公司估值超过180亿美元；

2017年9月10日，美团大众点评进军线下，在上海成立首家结婚体验中心；

2017年12月4日起，美团品牌升级；

2018年4月，全资收购摩拜单车；

2018年9月20日，美团大众点评正式在香港交易所挂牌上市。

使用团购平台团购美食、外卖和其他服务等，已发展成为一种趋势，尤其针对年轻人而言。美团平台发布的数据显示，占比最大的年龄段是20～25岁，占比达到27%，25～30岁的消费者占比达到26%。美团网已然成为年轻人O2O模式生活的平台，也成为年轻人的生活必备品。

美团网在与大众点评合并后，更加注重消费服务的全面化，在餐饮、外卖、电影票务等方面步步为营。目前，美团大众点评旗下拥有美团、大众点评、美团外卖、美团单车（摩拜单车）、美团跑腿、小象生鲜、榛果民宿、美团打车等产品（见表4-1）。不断诠释着美团的使命："帮大家吃得更好，生活更好"。

表4-1 美团旗下主要产品

产品	定位	核心
美团	生活服务线上平台	吃、喝、玩、乐一站式服务
大众点评	生活信息线上搜索平台	本地生活第三方点评模式
美团外卖	提供即时配送服务	餐饮外卖服务
美团单车（摩拜单车）	提供共享单车服务	共享单车开创者与领导者，2018年4月被美团收购
美团跑腿	同城速达服务平台	同城帮买帮送服务，1小时送达
小象生鲜	生鲜超市	"越快越生鲜"的理念，线上、线下生鲜融合
榛果民宿	美团旗下的民宿短租预订品牌	覆盖了国内300多个城市的短租民宿
美团打车	提供试点网约车服务	目前，在南京、郑州、上海等城市陆续登陆
猫眼电影	一网打尽好电影	美团旗下的一家集媒体内容、在线购票、用户互动社交、电影衍生品销售等服务的一站式电影互联网平台

四、美团网收入模式

和大多数团购网站一样,美团网的收入主要来源有2个:佣金和广告。

第一,佣金,即成交费。这个盈利方式可以说是团购网站的基本盈利方式。团购网站的基本职能就是作为商家和消费者的中间平台,通过跟商家合作,然后发起某个团购活动,结束之后,商家就从销售出去的产品利润中,分红一部分给团购网站。美团网基本上只充当组织者的作用,然后收取交易的佣金。美团网站佣金就成了美团网主要的收入来源,但相对于Groupon 35%的平均佣金率,美团的佣金率要低得多,这直接影响到了它的利润。

第二,广告收入。商家要想在中国的团购中脱颖而出,在团购网站做广告无疑是最直接的方法。所以,美团网名店抢购、每日上新等模块给商家提供了广告位,广告位的收入也成了美团的一部分收入来源。但是,美团要想提高广告收入或者加大广告位的数量,商家不见得会买账,这也是团购平台和团购商家之间的博弈。

五、美团在各个领域遭遇竞争

美团网旗下目前主要有团购、外卖、电影票、酒店等几大核心业务,但同时几乎在每个领域都有非常强大的竞争对手在与美团争夺市场。

团购业务方面,百度糯米致力于打造生态O2O平台,通过开放流量和资源,全力打造"糯米+"O2O生态构建。在接入e袋洗、携程等第三方服务商为用户提供更多高品质服务体验的同时,还与美味不用等、1919酒类直供、小美科技、博卡软件等众多第三方伙伴合作,给广大平台商户带来了产品、CRM(Customer Relationship Managenment,客户关系管理)系统、产业供应链、人力资源等全面的资源支持,受到商户的欢迎。

在外卖领域,美团的对手是饿了么和百度外卖。饿了么有京东、腾讯的资本和资源支持,竞争优势明显。而百度外卖有百度的强大技术支持和资金注入,加之百度钱包的加入,在我国外卖市场不断发力。2017年8月,饿了么和百度外卖宣布战略合并,增加了在外卖市场争夺市场份额的筹码。

在电影票方面,互联网大范围介入电影票销售是在2014年的国庆档。美团旗下的猫眼借助电影《心花路放》正式加入了在线售票市场,中国在线售票市场发展迅速。从最早的格瓦拉一家,到后来的网票网、猫眼(美团)、百度糯米影业、大众点评、微票、蜘蛛网、卖座网、乐影客、指点等十几家混战,尤其是在2017年,在线电影票务平台也发生了质的变化。一方面,互联网深度融入电影市场,在线电影票务平台销售的网票占比已经超过80%,中国电影市场实现了"互联网+"的大跨步。另一方面,在线电影票务平台格局在2017年出现了变化,美团旗下的猫眼电影和阿里巴巴旗下的淘票票各占在线票务市场的半壁江山。自此,"双寡头"模式(猫眼和淘票票)已成行业定势。如图4-3所示为2015—2018年第三季度猫眼票务市场的市场份额。

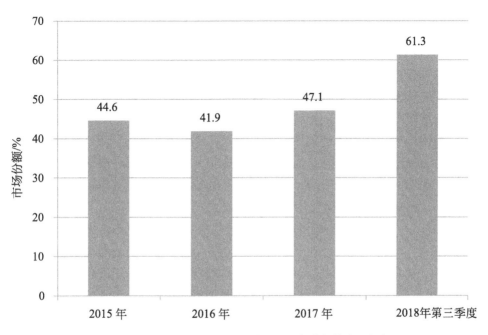

图4-3　2015—2018年第三季度猫眼票务市场的市场份额

在在线旅游领域,携程网凭借其起步较早的优势一直占据着酒店在线预定业务的头把交椅。去哪儿网成立较晚,但也在在线旅游领域步步紧逼,另外,阿里巴巴旗下的飞猪旅行等也给我国在线旅游预订服务市场竞争带来了更大的不确定性和新的挑战。在旅游市场尤其是自由行被国人看好的大前提下,中国在线旅游市场的市场前景被看好,竞争也更加激烈。

所以,美团网在团购、票务和在线旅游等方面的竞争压力并不小。多虎相争的情况下,美团网如何突破,值得我们期待。

美团网、线下商家和消费者三者之间存在博弈。理论上,团购网站应该很受市场的欢迎,既能更好地利用闲置的资源,帮助消费者找到物美价廉的线下商品,又能帮助线下商家把线上消费者引流到线下,看似是双赢的局面。

但从商家的角度来看，团购能够带来一时的销量，但利润下降了，还要缴纳一定的佣金，消减了积极性。从消费者的角度来看，团购网站虽然提供了较低的价格，但商品质量和服务质量能不能保障，售后服务能不能跟上，还需要团购网站需要给消费者足够的信心。

六、美团未来的发展

美团网现在之所以能在我国团购大军中脱颖而出，关键是它在2011年"做了一些别人没做的事情，而没有做一些别人都在做的事情"。当时同类型网站大都在线下砸广告，在全国疯狂跑马圈地推进业务，而美团网却主动冷静，开始梳理线下的团队、做好数据后台，正是这一时期的冷静使美团网赢得了宝贵的发展机遇。

美团CEO王兴对于美团的发展，一直有自己所坚持的原则。例如，对于扩张城市版图，王兴坚持扩张到每一个城市的决策必须符合科学：按照一个城市的人口、淘宝消费指数、肯德基数量及电影院的数量等指标来计算投入产出比，只有投入产出比合适时才会扩张。

2011年3月美团网在行业内首个推出了"过期退"服务，提高了品牌的服务能力，增加了消费者的信赖度。2015年10月8日，美团网与大众点评网的合并，更是让新美大发展成了中国团购行业的领头羊。但挑战依然存在，2015年底就有超过300家、涉及16个领域的O2O创业公司相继倒闭，包括美业O2O、家政、宠物照顾等社区O2O，它们倒闭的主要原因除了融资问题，还有客户虽然在乎低价格，但更在乎服务的质量和水平。为了保持长久的发展活力，美团网在未来的发展中需要着重抓的方面还有很多。

（1）提高核心竞争力，建立团购良性发展模式，寻求健康的盈利增长点。美团旗下有团购、外卖、电影票、旅游等几大核心业务，但几乎在每个领域都有强大的对手在与美团争夺市场。美团网要不断探索O2O模式良性发展的渠道，建立良性的线上到线下服务体系，将具备盈利增长的形式不断挖掘出来并持续创新。

（2）内外兼修，巩固自身优势，做好O2O闭环。美团网目前在O2O领域领先一步，但其后的追兵不少，以口碑、饿了么、淘票票为核心的阿里系，以携程、去哪儿、百度钱包为阵营的百度系，都在各自的领域里奋起直追。美团网需要加强自我修养，加强线下团队的标准化建设，使其整齐划一，技术上要夯实数据后台，形成大数据；前台要更简洁实用，从消费者的角度改善平台购物环境。

（3）发展移动端团购。移动端是O2O发展的趋势，"工作在PC（电脑）端，生活在手机端"已成为大部分用户的习惯。团购集中在高频领域，用户习惯随时随地做出消费决定，智能手机目前正能满足他们的需求。因为移动设备的位置定位对团购产品的地域选择来说，有着得天独厚的优势，这决定了移动端更适合O2O的发展，同时，手机的便携性也与消费者生活需求的实时性吻合。

团购网站的理想发展模式应该是团购平台、线下商家和消费者之间合作而达到共赢。团购平台为线下商家带去消费者，也从这笔交易中获得相应的报酬；消费者进行线下消费时能够享受到高质量的服务；线下商户在提供商品和服务时，既能获得相应的收入，又有机会把新顾客转化为老顾客，并提高复购率。

参考文献

[1] 美团官网. https://www.meituan.com/.
[2] 刘强. O2O在敲门：传统企业成功转型的典型案例. 北京：清华大学出版社，2015.
[3] 品途网. O2O来了：餐饮、零售、车市场、旅游、家政、短租行业必读的50个经典案例. 北京：电子工业出版社，2015.
[4] 刘旷. O2O冷思考. 北京：电子工业出版社，2016.
[5] 比达网. http://www.bigdata-research.cn/.

案例2　出行中短租民宿预订平台：小猪短租

一、短租平台发展如火如荼

短租是共享经济的一种形态，国家信息中心发布的《中国共享经济发展年度报告（2019）》指出，2018年，共享住宿行业年市场交易总额达165亿元，比2017年增长了37.5%。

短租也是旅游经济供应链的组成部分，民宿短租已经成为外出旅游住宿的重要选择。短租与其说是一种住宿方式，不如说它是一种消费理念的升级。年轻人，尤其是学生一族具有猎奇心，追求个性、时尚的特点，使得他们成了短租的主要用户。

说起短租民宿预订，最早起源于美国的Airbnb，这家于2008年8月在美国旧金山成立的网站，中文名为爱彼迎，是一个旅行房屋租赁社区平台，开创了全球"短期租赁+互联网"的新时代，被时代周刊称为"住房中的eBay"。根据其官方数据显示，Airbnb已经接待超过3亿人次房客。在全球192个国家、65000多个城市为旅行者们提供租住房间的服务，包括民宿、树屋、家庭套房、独立公寓，甚至房车等房源应有尽有。Airbnb在2016年下半年实现了盈利。

受到Airbnb飞速发展的利好影响，在线短租于2010年在中国掀起热潮，国内的短租平台开始陆陆续续出现，中国第一家短租平台——爱日租在2011年上线，随后，如小猪短租、途家网、游天下、蚂蚁短租、Xbed搜床等平台快速上线（见表4-2）。它们有的模仿Airbnb的商业模式，采用C2C模式；有的实现B2C模式，还有的采用C2B2C（Customer to Business to Customer，顾客与企业、顾客与顾客的交流）模式等。随着国内房价的升高和国家租赁政策的扶持，在线短租平台的发展一路顺风顺水，高歌猛进。

表4-2 目前国内的部分短租平台

短租平台	上线时间	特色
小猪短租	2012年8月	我国C2C模式短租平台的代表
途家网	2011年11月	实践短租平台B2C模式和C2C模式提供服务
榛果民宿	2017年4月	美团点评旗下住宿平台，推行C2C模式，以"住的不一样"为口号
Xbed搜床	2015年8月	C2B2C模式，让普通业主的分散房产做到自住、长租和短租功能的按需切换
木鸟短租	2012年5月	C2B2C模式，短租房、日租房租赁平台
蚂蚁短租	2011年11月，2013年独立分拆	赶集网短租平台的升级平台，推行C2C模式

小猪短租是我国在线短租平台中的佼佼者，这家上线于2012年的短租平台，已成为国内房屋共享经济的杰出代表。其官网数据显示，截至2018年，小猪短租全球房源超过420000套，覆盖国内400座城市和海外252个目的地，拥有大约3800万个活跃用户。

二、B2C还是C2C还是C2B2C，这一直是个问题

共享房屋一直以较快的速度发展着，但关于其模式，却从未停止过探讨。选择B2C模式还是C2C模式，国内的在线短租平台都有各自的归属，甚至还出现了C2B2C的模式。

所谓C2C模式，是指在线短租平台只作为一个中间平台存在着，它为房东与房客提供对接服务，通过自己的实力来验证供需双方信息，以确保交易的安全。通过这样的平台，房东运营及管理自己的房源，在线短租平台并不直接运营房源，只从中收取一定比例的服务费而已。

所谓B2C模式，则是指在线短租平台来组织房源，一般通过个人房东、房地产开发商、房屋中介等渠道获取合适的房源，然后为这些房源提供托管服务，按照平台标准对房源进行统一配置、经营以及日常维护，这类似于把房子托管给线下的房屋中介。平台将房源对外租赁后，从中收取一定比例的佣金或者赚取租赁差价。

所谓C2B2C模式，相当于一种分散式的酒店管理模式。房东把房源交给在线短租平台，平台按照运营方案进行装修后，通过平台统一出租。例如Xbed搜床就是典型的C2B2C模式。Xbed搜床从房东处拿到房源后，按照互联网酒店的运营方案改造升级成Xbed网约式云住宿产品（并非统一标准的装修），然后在自己的平台上线，并用抢单模式和点评模式来接入客房服务。另外，房东还可以在Xbed平台上实时监控自己房源的收益情况。在收入分成上，Xbed只分走房屋总收入的7%，其余收入都归房东所有。

小猪短租选择了C2C模式。数据显示，个人房东是小猪短租平台交易额的主力，成交订单占比超过60%，同时，个人整租房源超过70%。

很显然，小猪短租选择C2C这种轻资产的模式，对其发展有一定的优势。小猪短租主要是一个短租民宿撮合平台，平台的主要职责是撮合和质量控制，平台对房屋是否真实存在、房屋位置、整体装修情况、门禁系统等能进行严格的质量把控。它不同于传统民宿行业的重资产化，小猪短租的轻资产化使其能实现快速规模化复制。在非标准化住宿领域，只有轻资产的品牌模式才能迅速把规模做大，所以，小猪短租选择C2C这种轻资产的模式，可以使它在房源、房客等方面呈爆炸式增长。

途家选择的是B2C模式，虽然途家加入了C2C的业务，但从整体来看，还是以B2C业务为主。相对于C2C的模式来说，B2C模式是一种重资产模式，资金、技术、人员上都投入较大，所以不容易被轻易复制，而且由商家来对

房屋进行配置和管理，能更大程度上保证房源的质量，更容易取得用户的信任。但同样的，资金等耗费过大，扩张边际成本较高，必然影响其扩张速度。而且，如果遇到预订淡季、旅游危机等不可控因素，必然要承担更大的损失风险。另外，标准化的房屋配置使得房源的个性化较弱，对追求个性住宿的年轻人来说，并不能很好地满足他们的个性化需求。

三、拥抱互联网，打造房屋共享经济生态圈

如果仅仅把小猪短租等在线短租平台当成房源的出租和订购平台，那它们跟线上单一的二手房交易平台的模式就一样了，这也显然不是这些创业者们的梦想和归宿。

小猪短租依托短租业务建立房屋共享经济生态圈。什么是共享经济呢？

共享经济一词，最早由美国德克萨斯州立大学社会学教授马科斯·费尔逊（Marcus Felson）和伊利诺伊大学社会学教授琼·斯潘思（Joe L. Spaeth）在1978年提出，他们在发表的论文中第一次提到了共享经济的概念。美国麻省理工学院经济学教授马丁·L·威茨曼出版的《共享经济》一书中提出，共享制经济是一种既不同于资本主义国家也不同于社会主义国家的经济制度，它是一种新型的经济制度。马丁·L·威茨曼教授把共享经济分为基于共享的租赁和产品服务、基于二手转让的产品再流通、基于资产和技能共享的三种协同经济模式。

建立共享经济生态圈，不是单一地分享产品、知识或者服务，而是要利用互联网建立一个动态的生态圈。在这个生态圈里，消费者既是产品和服务的提供者，又是产品和服务的消费者。在整个动态生态圈内，消费者起到了主导作用。而且，除了提供产品和服务外，还要建立一套跟共享产品相关的产业生态圈。例如，短租平台要提供保洁、管家等一系列服务。

四、"做一只别样的小猪"

小猪短租提出了"居住自由主义"的企业理念，提倡"与陌生人同住"，注重分享与建立信任。

"居住自由主义"理念的提出是小猪短租在2016年进行的经营方针升级，意思是为消费者在小猪短租平台上提供更多可供选择的房源，没有统一的装

修、没有样板间、没有前台的服务人员,更没有统一的名字。"居住自由主义"就是要追随内心的声音,自由选择多样的短租房屋。在2016年之前,小猪短租倡导的是"有人情味的住宿",这个口号质朴并朗朗上口,这对于创业初期的小猪来说,是个利好的口号,也能体现出C2C经营模式下,住在陌生人家里却可以像平常一样生活的愿景。

由"人情味的住宿"升级到"居住自由主义",为什么要转变呢?

理念的转变,是消费升级的结果。根据小猪短租平台反馈的数据显示,95后已经成为其主要的消费人群,约占40%的注册量。小猪短租的用户呈现年轻化趋势,用户的平均年龄在28岁左右,房东的平均年龄大约在35岁。年轻用户喜好新颖,富有创新精神,倡导释放天性。因此,平台需要提供多种多样的住宿主题形式,而非一成不变的标准式服务。因此,"人情味"的理念并不能完全满足年轻一代展现个性的需求,而"居住自由主义"至少在文字上有一种释放天性的意思。

为了切合"居住自由主义"的理念,小猪短租不断尝试各种民宿主题。

面向文艺青年的"城市之光"项目曾火遍网络。2016年1月,小猪短租推出书店住宿项目"城市之光",宣布与全国十家书店合作,十家书店同名房源上线并接受预订;2017年4月23日,小猪短租又推出"城市之光"住宿计划2.0,全国16个城市17家书店全新上线。到2018年年底,已经有几十家国内人文书店上线小猪平台,例如北京单向街书店、扬州边城书店、上海小亚细亚文库、重庆的南之山书房等。通过"城市之光"计划,传统书店获得的短租收入,可以抵消一部分经营成本,有的竟然还有盈余。另外,"城市之光"完成了"让情怀落地"的壮举,这对人文书店和文艺青年来说,都具有里程碑式的意义。

后来,小猪短租又推出一系列特色房源项目,让消费者住进剧场、花房、田园等有趣的主题房屋,如胡同小院、花园洋房、剧场咖啡馆、森林木屋、乡村美宿等,满足年轻群体个性化的需求。

例如,小猪短租在每年寒暑两假期都会与大学院校合作,举行"打工换宿"的活动,使得更多年轻人参与进来,享受不同类型的生活体验。

五、与陌生人同住

小猪短租提倡"与陌生人同住"的理念,"别住酒店,住我家"成为其宣传口号。

"如何让陌生人打开家门"和"如何住进陌生人的家"是与陌生人同住面临的最主要问题。

有闲置房屋的房主是有意愿把自己的房子出租出去赚取费用的,但把房子放在平台上,租给天南海北的陌生人去居住,并非一件容易的事。在创业初期,"为了获得种子用户,我们创业团队都把自己家放在平台上成为房东,而且发动身边人做房东,通过人际关系一家一家去增加。"CEO陈驰这样描述开始获取房源的经历。

第一个在小猪上出租的是小猪短租一个同事的沙发。还有同事为了出租房间,自己都住到了阳台上。陈驰动员母亲将成都房屋的主卧进行短租,自己也分享闲置的房间。小猪短租的第一批种子用户就是这么产生的,如果没有这些人当初一腔热血的奉献,何谈现在的小猪短租。

为了保证房主的房源质量,小猪短租严格审核房源。小猪短租在开展业务的城市有线下的运营团队,房客发布房源后,房源不会立即上线,线下的运营团队会去实地考察其真实性和具体情况,一般一个工作日内即可完成审核并会及时反馈结果。C2C的模式下,平台线下考核房源是保证后期愉快交易的重要一步,也可以避免交易后的一些纠纷。

对很多人来说,这真的是一个看颜值的时代,房源的实拍显得尤为重要。房客可以自己对房源进行拍摄发布,但很多时候效果不佳。小猪短租在供应链上提供了专业摄影服务,虽然收费,但能够拍摄出专业的照片,极大地提高了曝光率和入住率。

"如何住进陌生人的家"更是一个难题。陈驰在创立小猪短租之前,是在赶集网工作的,负责蚂蚁短租项目。在短租经营模式上,陈驰本人更倾向于C2C,认为其潜力巨大,未来会呈现井喷式发展。但赶集网当时的运营却采用了O2O模式。陈驰后来退出了赶集网,与王连涛在2012年联合创立小猪短租。让陌生人打开家门去接受别人入住,这在很多人眼中根本就是一件不可能的事情,而陈驰和他的同事们却要勇往直前。

中国虽然自古是个好客的民族,但也向来注重隐私,而且在信用体制没有搭建完整的情况下,把陌生人引到家中,尤其是还让他们住到家中,这无疑触动了人敏感的神经。家是自己的,难道还能是陌生人的?

为了能让旅行者住进陌生人的家,"人情味"的提出显得恰到好处。虽然陌生,但彼此之间可以有人情味来牵绊,有人情味在,陌生人就变成了朋友。除了感情上的羁绊,小猪短租提供了多种安全保障措施,解除房客的担忧。

第一,房客和房东双方都要进行身份实名认证,例如,为了让房东放心,房客都会经过三重实名验证：首先，系统会验证房客绑定的手机号码；其次，交易会绑定房客银行卡的实名身份；再次，通过国家二代身份系统验证房客身份，来确保其真实性和安全性。当然，对房东的身份验证也是同样严格的，小猪短租会人工审核房东的个人信息等。

第二，房客必须在小猪平台上进行交易，因为平台外的交易是无法得到保障的。

第三，"无忧入住"房客保障计划。一方面，小猪短租保证房源与网站描述的一致性；另一方面，房客万一无法入住提前预约的房屋，小猪短租会协调帮他找到住所。

第四，保险业务。小猪短租为房客免费提供保险，不管是海外住宿还是国内住宿，都会获得相应的住宿意外保险保障。

随着科技的发展，小猪短租的安全措施不断升级和智能化，打造智慧入住。例如，给房源安装智能门锁，解决交易双方交接钥匙的问题和安全方面的痛点。2018年，智能门锁又进行了升级，可以通过刷脸系统让房客直接入住，确认身份后，即刻会在手机上收到电子钥匙，轻松完成开锁。智能感烟器、智能电表、智能报警器等设备后续的投入使用，会继续增强租赁交易的安全性，减轻房东和房客双方的顾虑。

"与陌生人同住"的理念，不仅安全性要得到保障，用户体验也是建立在安全性基础上的。比起其他商品的共享，房屋共享要复杂得多，陈驰说："不同于车辆共享，分享房间的用户体验要复杂得多，我们非常看重如何做好用户体验。"

六、资本市场的宠儿，旅游者的新宠

C2C的短租模式开始并不被资本市场看好，一部分人觉得在中国，分享自己的房屋，与陌生人同住的可能性不是很大。但随着小猪短租等一批C2C模式平台的崛起让资本市场看到了亮光，因此，资本开始向短租市场倾斜，小猪短租也获得了众多资本市场的青睐（见表4-3）。

"愿为一间房，奔赴一座城"，这是众多"背包客"的格言，小猪短租等平台就成了他们选择民宿的主要选择。相比传统的酒店、宾馆，民宿更具个性化，能让游客零距离体验当地的风土人情。而且，他们还通过分享，告诉其他的旅行者哪些民宿更值得入住，这就是分享经济的妙处——独乐乐，不如众乐乐！短租在民宿，故事也许就此开始了，有房东的，也有房客的！

表4-3 小猪短租融资历史

融资轮次	时间	金额	投资方
A	2012.12	100万美元	晨兴资本
B	2014.6	1500万美元	君联资本领投,晨兴资本跟投
C	2015.7	6000万美元	愉悦资本领投,晨兴资本、中信资本、和玉资本跟投
C+	2015.12	1000万美元	今日资本
D	2016.11	6500万美元	愉悦资本、BAI(贝塔斯曼亚洲投资基金)领投,晨兴资本、今日资本与和玉资本跟投
E	2017.11	1.2亿美元	云锋基金、愉悦资本、晨兴资本、今日资本
F	218.10	3亿美元	云锋基金、尚城资本、新加坡政府投资公司、愉悦资本、晨兴资本、今日资本

参考文献

[1] 刘强. O2O在敲门:传统企业成功转型的典型案例. 北京:清华大学出版社,2015.
[2] 小猪短租官网. http://www.xiaozhu.com/.
[3] 南方日报. 小猪短租如何让更多陌生人住我家? http://epaper.southcn.com/nfdaily/html/2016-03/07/content_7522590.htm,2016.03.07.

下篇

行业篇

第5章 旅游类

案例1　中国领先的在线旅行平台：携程网

外出旅行是一件令人愉悦的事情，不管环境如何恶劣、经济压力多么大、事务多么繁忙，人们都把出去看风景当成生活中不可或缺的一部分，或远或近，或多或少，但不可缺！诗人陶渊明曰："步步寻往迹，有处特依依"。被誉为"世界儿童文学的太阳"的安徒生说："旅行对我来说，是恢复青春活力的源泉。"一封"世界这么大，我想去看看"的辞职信在网上传得很火，与之相对应的"钱包这么小，谁都走不了"也是现实版的旅行者的内心独白。"世界那么大，我想去看看；钱包那么扁，能去哪里看"是不是戳痛了很多人的内心？

一、旅游市场稳定发展

旅游是指一个人因为休闲、娱乐、观光度假、探亲访友等目的（这些活动不是为了获取报酬），离开常住地到其他地方停留的活动，按照出游地不同分为国际游和国内游。旅游电子商务（Tourism E-Business）在20世纪90年代由瑞佛·卡兰克塔提出，虽没有统一完整的概念，但目前在国际上沿用较广的定义是：旅游电子商务是指通过先进的信息技术手段改进旅游机构内部和对外的连通性，即改进旅游企业之间、旅游企业与供应商之间、旅游企业与旅游者之间的交流和交易，改进企业内部流程，增进资源共享。

随着人们生活水平的提高和旅游市场开发的加速，旅游已然成了人们日常生活中重要的组成部分。2018年全年全球旅游总人次达121亿人次，比2017年增加了5.8亿人次，增速为5.0%；全球旅游总收入达5.34万亿美元，较上年下降了0.4%。我国的国内旅游市场持续稳定增长，入境旅游市场稳步进入缓慢回升通道，出境旅游市场平稳发展，旅游业已经发展成了我国国民经济的战略性支柱产业。根据文化和旅游部官方数据统计，2018年，我国国内旅游人数为55.39亿人次，比上年同期增长10.8%；出境旅游总人数为2.91亿人次，同比增长7.8%（见图5-1）。2018年全国旅游业对GDP（国内生产总值）的综合贡献为9.94万亿元，占GDP总量的11.04%。旅游业直接就业2826万人，旅游业直接和间接就业7991万人，占全国就业总人口的10.29%。

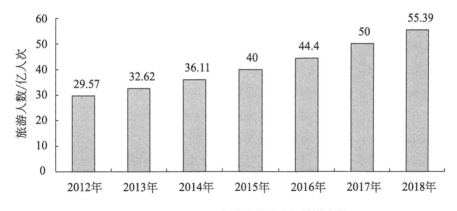

图5-1　2012—2018年国内旅游市场旅游人数

随着互联网如火如荼的发展，"互联网+"旅游的模式深受大家的喜爱，尤其是满足了很多年轻人"来一场说走就走的旅行"愿望。旅游电子商务发展是我国旅游业的新业态，是我国旅游业市场发展的助推剂。

我国旅游电子商务从1997年才开始萌芽，总体来说发展时间较短，我国目前的在线旅游产品并不能完全满足客户的需求，尤其是年轻人已经成为旅游的主力军，多样化、定制化、个性化的旅游产品亟待开发。在未来发展中，应加强传统旅游业与旅游电子商务的合作，一方面，能加快我国旅游业的发展速度，提升旅游业服务水平；另一方面，给在线旅游平台带来更大的发展机遇和挑战。

二、国内OTA（在线旅游）龙头——携程网

携程旅行网（简称携程网）是中国领先的在线旅行公司，也是全球市值第二的在线旅游服务公司，1999年由梁建章、季琦、沈南鹏、范敏共同在上海创建。季琦任总裁、梁建章任首席执行官、沈南鹏任首席财务官、范敏任执行副总裁，他们四人被称为"携程四君子"。携程网目前已经在国内近百个城市、国外20多个城市设立了分支机构，员工人数突破了30000人，会员超过了3亿人，服务范围覆盖酒店预订、机票预订、旅游度假、旅游咨询、商旅管理和无线应用等多个旅游服务领域，被称为"互联网+"旅游的完美衔接。在中国旅游研究院、中国旅游协会每年发布的年度中国旅游集团20强名单中，携程已经连续4年排名第一，摘取"中国第一大旅游品牌"的桂冠。

以下为携程网的主要发展历程：

1999年，携程网成立；

2003年12月，携程网于美国纳斯达克上市；

2004年2月，携程网进军旅游度假市场；

2004年11月，携程网推出国内首个国际机票在线预订平台；

2006年3月，携程网进军商旅管理市场；

2007年3月，携程网推出在线商旅管理系统；

2008年3月，携程旅行网的英文网站上线；

2008年7月和12月，温家宝和李克强分别视察携程网总部；

2014年3月，携程网首推出境游免费Wi-Fi；

2015年10月26日，携程网与去哪儿合并；

2016年9月，携程上线国内首个导游预约平台；

2017年8月，携程网首登《福布斯》全球最具创新力企业榜单；

2018年4月3日，携程网正式上线共享租车业务；

2018年12月，携程App上线"旅拍"功能。

旅游业属于体验经济，是快速消费品，携程网、途牛等在线旅游平台是"互联网+"旅游业的典型代表，这些OTA占据了市场90%的关注度。

OTA即Online Travel Agent（中文翻译为在线旅游），按照MBA智库的解释，是指在互联网开放的网络环境下，以互联网为基本业务平台，以电子信息技术和移动电子商务等高新技术为支撑，在线经营旅游咨询、在线订购与交易、电子导游、旅游定位系统、网上虚拟实境旅游、旅游搜索等旅游业务的企业主体。简单来说，OTA其实就是在线旅行社或者在线旅游代理商提供

大而全的旅游服务。

携程网作为我国OTA的龙头企业，在规模、资源、技术系统和用户心智上均占据着优势，尤其是在以机票、酒店、门票业务为代表的标品服务市场中占据着很大的市场份额。携程网公布的财报显示，2018年携程网全年净营业收入为310亿元，交易用户数达到了1.35亿，总交易额为7250亿元，同比增长了30%，携程App的活跃人次明显高于其他同类App。

三、携程的主要业务内容

携程网的业务范围涉猎广泛，甚至包含全球购和礼品卡等，它的四大主营业务是票务订购、酒店预订、旅游度假、商旅管理。

1. 票务订购

携程网的四大业务中，票务订购营收占比最大。

在线票务预订主要包含机票、火车票、汽车票等，其中机票业务仍为OTA平台主要营收来源。在易观发布的《中国在线旅游市场年度综合分析2017》中，携程网占据机票预订市场份额的35%以上。携程网在票务订购方面表现突出，营收增长明显，主要得益于以下三点：一是国内机票业务量的规模化增长为携程网带来稳定的营收；二是出境游人数明显增加，国际机票预订量大幅增长，例如，作为携程网在亚太地区的"一站式"旅游平台——Trip.com的机票预订量连续五个季度都取得了强势增长；三是通过接送机、保险等增值服务收费模式拓展机票业务，持续提升盈利能力。

2. 酒店预订

携程网2017年来自酒店预订业务的营收为95亿元，同比增长30%；2018年酒店预订业务的营业收入达到了116亿元，同比增长了21%。

无论是商务旅行还是休闲旅行，通过OTA预订的旅行者都比线下预订的旅行者多，因此他们成了酒店的重要客户群。在易观发布的《中国在线旅游市场年度综合分析2017》中，携程网占据酒店预订市场份额的45%以上，稳坐OTA酒店预订的第一把交椅。首先，丰富的产品和高质量的服务是携程网酒店预订业务的核心竞争力，截止到2018年年初，携程网与全球234个国家和地区的34.4万多家酒店达成合作；其次，携程网通过在二、三、四线城市建立线下门店和开展营销活动大幅提升酒店预订业务量；最后，通过提升酒店预订服务能力不断提高客户满意度，在挖掘新客户的同时注重拉回头客，例如，2017年3月携程网就曾经发布酒店"EASY住"战略。

3. 旅游度假

携程网2017年来自旅游度假业务的营收为30亿元，同比增长29%；2018年旅游度假业务营收达到38亿元，同比增长了27%。周边游、国内游和出境游三个领域，携程网均处于领先地位。

在旅游度假产品预订领域，携程网加强战略合作，不断丰富旅游产品、增加产品路线和主题，推出自由行、主题游、游学等主题，以产品和服务来驱动市场销量。

4. 商旅管理

携程网商旅管理为5000多家企业客户提供服务，包括为120多家世界500强公司以及6000多家大中型企业提供服务。携程网在商旅管理营收上的增长主要受益于其商旅旅行产品覆盖的扩大和产品服务的不断升级，如全年无休服务，完善的商旅呼叫中心服务，票务、签证等一站式服务，呼叫中心、App和网站的多渠道预订，智能化的管理（如携程商旅企业微信、企业差旅管理应用）等。

四、携程网的特色和优势

1. 凭借稳定的业务发展和优异的盈利能力，稳居在线旅游第一

在线旅游领域内，携程网无疑是佼佼者。2017年12月我国在线旅游度假App月均活跃用户数方面，携程网以5430.1万位居第一。

携程网拥有世界上最大的旅游业呼叫中心，拥有1.2万个座席，呼叫中心员工已经超过了5000名。另外，携程旅行网线下有6000多家门店，它与全球234个国家和地区的34.4万多家酒店、覆盖国际和国内的各大航空公司、近20家海外旅游局和16家国内旅游局等上下游资源方进行深入合作，还与超过300家金融机构及企业和事业单位达成合作，是跨业合作的典范。可以说，携程网在在线旅游业规模上已经相当稳定，这种规模化的运营在为会员提供更多高质量的旅行服务的同时，还能够降低企业的运营成本。

2. 全方位发力的运营模式，全面的产品组合

携程网构建了以网站、会员体系和呼叫中心为基础的全方位覆盖运营模式。它将服务过程分割成多个环节，以细化的指标控制不同环节，并建立起一套精益服务体系。携程网的服务范围广泛，见图5-2。同时，携程网还将制造业的质量管理方法——六西格玛成功运用于旅行业。携程网宣称的服务理念是："您能感受专业，我们专注全面旅行服务。我们集无线应用、酒店预订、机票预订、旅游度假、商旅管理、旅游资讯服务于一体，为您打造全方位的旅行方案，同时提供丰富多彩的积分兑换"。

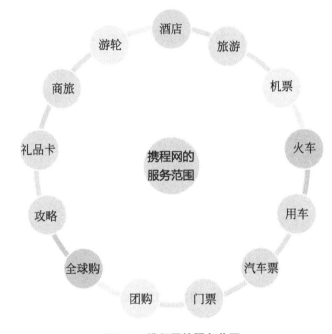

图5-2　携程网的服务范围

携程网在国内游和境外游领域同时发力，它的策略是首先开发出完整的产品线，尤其是发挥向国外游客提供产品和服务的能力和优势，为游客提供一站式的旅游服务。同时，随着中国二、三线城市的人均GDP不断增长，携程网会在二、三线城市积极拓展，挖掘新市场和新机会，深入开拓发展潜力。

3. 实现了跟团游、自助游和商务游的结合，以及周边游、国内游和出境游的全覆盖

"鼠标+水泥"的"互联网+"旅游模式代替了传统的旅行模式，让结伴

游、自驾游、拼团游等成了可能，而携程网作为在线旅游行业的龙头企业，在"指点江山"的同时，也把跟团游、自助游和商务游在一个平台上进行了整合，满足了人们的不同出游需求（见图5-3）。

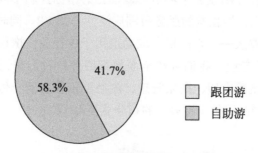

图5-3　2017年中国在线旅游市场结构

随着人们对多种旅游方式的强烈需求，以及移动互联网的快速发展，旅游产品越来越丰富（见图5-4）。周末、短假期等周边游需求越来越旺盛，出境游等也越来越受欢迎，并且超过了国内游和周边游的占比。

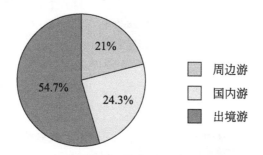

图5-4　2017年中国在线旅游市场交易规模结构

4. 技术上不断创新，服务上不断提升

携程网从成立以来，就很注重技术的创新，不断开发新的产品和服务内容，提高旅游产品的使用效率，为用户解决时间和出行成本的问题。携程网建立了一整套现代化服务系统，包括：客户管理系统、房量管理系统、呼叫排队系统、订单处理系统、E-Booking机票预订系统、服务质量监控系统等。依靠这些先进的服务和管理系统，携程为会员提供更加便捷和高效的服务。

以下为携程技术服务提升的标志性事件。

2010年10月，携程网正式对外发布无线战略。携程网大规模进入移动互联网领域，同时推出"一网三客户端"，使手机在线预订成为继呼叫中心和互联网之后第三个重要预订渠道。2013年，推出了"指尖上的旅行社"模式，把一站式休闲旅游服务推向极致。

2015年2月，携程网斥巨资开发投入使用"全球旅游团现场服务管理系统"，在我国首次实现了全球旅游团行程与现场服务的可视化管理，使得跟团境外旅游服务可视化、科学化。

2016年8月，携程网成立国内第一个旅游安全管理中心，以标准化、制度化的服务体系解决游客出行安全方面的问题，并投入千万元预算，打造旅游业的"神盾局"。

2017年12月，携程网推出了全套酒店智能解决方案"EASY住"，包括机器人酒店前台、VR（Virtual Reality，虚拟现实技术）全景展示、在线选房、智能客控、行李寄送等服务，大大提高了入住效率。

2017年，携程网开发了"签证全自动填写方法和系统"以及"互联网办理签证的材料处理方法和系统"等系统，并获得国家专利，客户办签证时间节省1天以上，大大方便了出境游。

5. 加强与线上、线下企业合作，加快并购

携程网自成立之初，就注重并购和战略合作（见表5-1）。为了给世界各地的游客提供一站式的服务，携程网与合作伙伴紧密合作，例如，与美国三大华人地接社——纵横集团、海鸥旅游、途风网建立了长久合作关系；与Priceline在国际酒店领域紧密合作，尤其是在亚洲以外地区的酒店预订方面。在线旅游市场有很多可以渗透延伸的市场机会，携程网在自己投资的同时（如投资旗下的鸿鹄逸游等），还会收购或战略投资已成规模的一些网站或者App等，以扩大自己的行业版图。

表5-1 携程的并购和战略合作之路

时间	事件	意义
2004年2月	2004年2月携程网并购上海翠明国际旅行社	获得了进入出境旅游市场的经营资格
2009年8月	携程网控股中国台湾最大的网络旅游服务提供商易游网，正式推出"台湾游"产品	进入中国台湾旅游市场
2010年2月	携程网8800万美元并购中国香港永安旅游几成股权	携程网可以进一步开拓中国香港旅游市场，扩大市场占比，并将完成在中国香港旅游市场上机票、酒店预订和旅游产品三大业务的全线覆盖

续表

时间	事件	意义
2011年1月	携程网战略投资"订餐小秘书"	此次合作将促进中国餐饮预订服务能力的持续提升和旅行增值服务的进一步完善,实现旅游业、餐饮业与网络预订业的联合发展,并推动"订餐小秘书"成为全国性的大型订餐企业
2013年5月	携程网斥资千万美金收购快捷酒店管家	并购快捷酒店管家App,将其并入携程无线业务
2013年12月	携程网完成了对途风网的战略投资,途风旅游正式成为携程旗下的独立品牌	此次战略投资,加强了携程在北美地区旅游市场的实力,也标志着携程网开始进军国外旅游市场
2015年10月	携程网战略布局去哪儿网	旅游业电子商务市场竞争的必然结果
2016年10月	携程网战略合作美国三大华人地接社途风网、海鸥、纵横集团	全面布局北美旅游市场,携程借此实现对美国市场的整合,成为中国人赴美国旅游市场的领导者
2016年11月	携程网斥资120亿元人民币并购英国机票搜索平台天巡网	增强携程网的机票业务在全球范围内的实力,也是携程网实现国际化的关键一步
2017年6月	携程网战略合作全球最大轮渡公司Stena Line	这意味着携程网在欧洲的布局进一步扩展,携程船运业务国际化进程再次提速
2017年11月	携程网并购了美国的Trip.com,Trip技术并入天巡网	有助于携程网在国际旅游业务方面的扩展
2018年4月	携程网战略投资超音速飞机制造商Boom Supersonic	研发时速更快的客机,提升携程商旅的客户体验

五、携程网的未来发展

作为在线旅游行业的佼佼者,携程网在发展规模、扩张速度、创新领域、财务等方面都可圈可点。未来,在线旅游市场规模会越来越大,客户的个性化需求会愈来愈多,为了巩固自己的地位,携程网需要不断创新,加快发展步伐。

1. 在旅游市场快速扩张和政策利好的影响下,携程继续加快"互联网+"旅游模式的步伐

2018年3月,国务院办公厅印发《关于促进全域旅游发展的指导意见》,就加快推动旅游业转型升级、提质增效,全面优化旅游发展环境,走全域旅游发展的新路子作出部署。

国内在线旅游平台的布局基本稳定,海外市场、线下渠道的布局和关键环节控制力的提升成为各平台竞争、扩大优势的重点。周边游、国内游和出境游同时发力,主题游层出不求,例如,携程网布局"牵手拉脱维亚""中东智慧景区"。另外,借助互联网和高科技,携程加快"互联网+"旅游模式发展的步伐,例如携程签证系统获国家专利等。

2. 提升出境游服务,加快携程国际化步伐

在全球出境游市场中,中国出境游连续多年保持着最高的经济贡献。2017年,中国公民出境旅游突破1.3亿人次,消费达1152.9亿美元,保持世界第一大出境旅游客源国地位。与此同时,在互联网技术的支持下,在线出境游市场也在快速的产品迭代和提升的用户需求的共同作用下迅速升级,携程网在2017年以21.4%出境游的市场份额占据国内OTA平台第一名的地位。而根据预测,2020年,中国出境游总量将达到两亿人次。

对于携程网来说,出境游需求的大量增加意味着机会和挑战并存,未来,国际化必定是携程战略的重头戏。要追赶国际市场的对手,包括Booking(缤客)以及老牌OTA企业Expedia(亿客行),携程网必然要全力以赴。2017年5月,携程网宣布成立国际化人才中心,将以内部人才培养、海外人才招募等形式创新机制,为快速推进的国际化战略提供人才支持。携程联合创始人梁建章表示:携程5~10年最重要的目标还是成为一个国际化的公司。

3. 加快定制化旅游产品的升级

国民经济的快速增长使得国民消费能力得到了很大提升,旅游需求越来越旺盛,客户对旅游产品需求的提升推动了旅游产品从跟团游和自由行逐渐细分出定制游、自驾游等更多品类,在线旅游进入了非标准化产品的竞争时代,旅游朝着个性化、品质化、定制化的方向升级发展。定制旅游客户一般通常需要咨询多家供应商和多名定制师,对比价格、行程设计和服务态度等,挑选出适合自己的旅游产品。

携程网早在2016年就开辟了私人定制游市场。2018年1月，携程定制旅行发布《旅游3.0：2017年度定制旅行报告》中认为，2017年成为定制旅游大众化的元年，"私人定制"不再只是有钱人的特权，开始进入普通老百姓的生活中。我国旅游业进入3.0时代——以旅游者为主导、以定制为代表的个性化服务时代。最爱定制旅游的人群中喜爱住酒店、喜爱吃美食及家庭亲子出游者最多；90后的人群比例已经超越80后。

4. 倡导品质游＋个性游

人们生活水平的提高和消费者对旅游产品的期待值升高，伴随而来的是人们对旅游产品的消费升级，主要体现在：消费者对旅游品质的要求提高；消费者对个性化旅游产品的需求增加。对于携程这类OTA平台来说，服务方式未来要更加智能、高效和方便，提倡更高效地将旅游资源直接传递到客户手中，去除中间烦琐过程。同时，在线旅游市场细分品类要不断增多，假期游、亲子游、红色旅游、游轮游、定制游、毕业游等各种个性化旅游服务不断涌现，旅游线路呈现主题化、深度化方向发展。未来，携程网需要在在线旅游领域开拓新市场，重新整合市场资源，一方面深耕资源，另一方面寻找精准客户，并将两者精准匹配。

参考文献

［1］携程官网. https://www.ctrip.com/.
［2］国务院办公厅. 国务院办公厅关于促进全域旅游发展的指导意见. 2018.
［3］携程. 旅游3.0：2017年度定制旅行报告. 2018.
［4］MBA智库. https://www.mbalib.com/.
［5］2018中国在线旅游市场年度综合分析. http://www.199it.com/archives/787984.html，2018.10.

案例2　简单旅游使命平台：途牛旅游网

一、解决传统旅游业的痛点

随着我国国民生活水平的提高和可支配收入的增加，人们对旅游的需求也发生着转变，由生存、发展型旅游消费慢慢向享受型旅游消费转变，由团体游向个性化、定制化旅游产品升级，传统的旅行社需要变革，在线旅游平台又该如何适应这些变化呢？

我国旅游活动源远流长，我国现存最早的诗歌集——《诗经》中就有殷周时代民间出游的文字记载。1995年9月，在中共中央十四届五中全会上，审议通过了《中华人民共和国国民经济和社会发展"九五"计划和2010年远景目标纲要》（以下简称《纲要》），《纲要》中提出："积极发展旅游、信息、咨询、技术、法律和会计服务等新兴产业"。旅游业被列为积极发展序列中的第一位。至此，我国旅游业发展遇到前所未有的机遇。

虽然传统旅游业在我国作为国民经济重要组成部分已经发展了三十多年的时间，但主要经营模式还是以售卖旅游线路为主，以组团出游的形式呈现，包括跟团游、自助游和商务游等模式。

跟团游是传统旅游业的主要盈利模式，价格战使得利润降低，低利润又导致服务跟不上，形成了恶性循环，因此市场上经常出现零团费、强迫消费甚至强制修改旅游线路等现象，经媒体报道后，加剧游客对跟团游的不满。

自助游相对跟团游来说，是一种较新的组织形式，价格相对更高，但能满足人们的需求。传统旅行社组织的自助游往往在配套的服务和安全等方面满足不了游客的需求，使得游客对自助游缺乏安全感。

商务游是为了满足企业集体旅游的需求而出现的一种旅游形式，除了纯粹地游玩之外，还有团队建设等其他的增值服务。但目前，旅行社关于商务游的增值服务方案差异性不大。

不管是跟团游、自助游还是商务游，传统旅行社的营销策略都以产品销售为中心。这种传统的营销方式，注重了产品的销售，却忽略了客户对旅游产品的消费体验，尤其是面对互联网的"曝光"，一些重销售、轻体验的旅游景点和方案必将难以立足。另外，消费者在传统旅行社筛选旅游产品时，信息的不对称性导致游客对路线和旅游目的地的了解有限，结果是游客的期望和享受的服务可能会存在明显差距，使得客户关系管理存在较大难题。

互联网的兴起，极大地消除了信息不对称的现象，"互联网+"旅游的方式，极大地促进了我国传统旅游业的发展，在线旅游受到越来越多人的追捧，途牛等旅游平台的出现以及成功上市，给众多"互联网+"的创业者更多的信心。

二、途牛，让旅游更简单

2006年10月，于敦德、严海峰等人在南京创立了途牛旅游网，使命是"让旅游更简单"，口号是"要旅游，找途牛"，主要的旅游产品有跟团游、自助游和公司旅游定制服务等。

途牛旅游网于2014年5月9日在美国纳斯达克成功上市，2018年途牛净收入22亿元，比2017年增长了2.2%，这也是途牛旅游网自上市以来首次实现全年盈利。这既源于丰富的线上旅游产品，也得益于其线下自营门市市场的突破。

中国在线旅游市场竞争激烈，携程网的行业老大地位目前看来是坚不可摧的，马蜂窝、同程旅游等发展势头猛劲。途牛旅游网在夹缝中生存，近年来取得了很大成绩，尤其是在自助游和跟团游市场，途牛旅游网已经实现了突破，并且在旅游细分领域不断开拓市场，成绩有目共睹。

三、线上"牛人专线"

2009年，途牛旅游网推出了"牛人专线"，旨在提升用户跟团游体验。截止到2018年，"牛人专线"已覆盖全国30个区域性目的地，产品数近千种，累计服务人次146万。"牛人专线"成为高品质跟团游的标杆品牌，客户满意度高达96%。"牛人专线"的产品在导游服务、酒店、行程安排、交通、餐饮等方面的服务规格高于常规产品的标准，比如，专线的大巴上配备免费车载Wi-Fi，用户可随时分享快乐旅途中的美景等；满意度低于90%的专线下线整改；旅游顾问24小时提供全方位服务等。

跟团游是首次出游人群或者团体出游人群的第一选择，尤其是对于工作忙、没时间策划旅游事项的人来说，省时省力。但随着消费升级，高品质跟团旅游的需求人群越来越多，打造高品质跟团旅游品牌是在线旅游平台的必然选择。

根据官网显示，截止到2018年年底，"牛人专线"的产品综合满意度达到96%，这是途牛旅游网推出的首个产品品牌，获得了市场的高度认可，帮助途牛旅游网在在线跟团旅游领域稳居市场第一。

当然，为了更好地提升游客满意度，专线不断地提升服务水准，如推出

"30天内免费退全球购物物品"的服务就深得游客的喜爱：所有预订"牛人专线"产品的用户，在行程安排的购物点购买的商品（不含食品）存在质量及价格虚高等问题，在出游归来的30天内均可联系途牛旅游网申请协助退货，途牛旅游网将根据退换货质量保障标准，安排专门的工作人员提供一对一服务，退货成功后相关款项将原路退还给游客。

四、布局线下服务

途牛旅游网的线上服务，帮助用户足不出户就可以轻松地制订好旅游路线，这当然助推了"让旅游更轻松"的服务质量提升。但高品质的线上旅游产品并不能实质性解决旅游中的痛点——旅游过程中的服务满意度。

为了拉近与消费者的距离，途牛旅游网通过建设国内自营地接社"随往"的形式来提高目的地服务质量。自2016年开始，逐渐布局线下门店，开建和布局自营地接社，截至2018年12月31日，途牛旅游网拥有509家自营门市、29家自营地接社。

以途牛旅游网为代表的在线旅游网站与其他电商类网站不同。途牛旅游网除了提供旅游产品的在线销售外，由于后续游客还要进行实地旅游，所以，提供线下的旅游服务与游客对产品满意度是息息相关的。没有配套的线下旅游服务，游客的旅游体验就会大打折扣。因此，途牛旅游网从成立之初就明了：它不是贩卖旅游线路这种虚拟产品的平台，而是要提供与旅游线路有关的一系列服务，可能会涉及与用户的沟通、协商等复杂环节，而且还要获取用户的信任，仅仅依靠一个线上的网站显然远远不够。

为了解决线上旅游的短板，途牛旅游网花力气实现渠道下沉，增加线下门店的数量，一定程度上帮助其提高了预订转化率。2016年3月，途牛旅游网在厦门开设了首家地接社"随往"后，途牛各地的"随往"地接社也相继开设。为了保证地接社的质量，途牛旅游网对选拔导游、司机和工作人员都有很严格的标准，同时设立了精细的奖惩措施，如考核导游的主要指标是顾客满意度。为了优化导游资源，在2018年途牛旅游网又推出了导游"异地派遣"机制，让导游根据实际情况在工作区域内有效调动，培养了更多全方位人才，促进了导游服务资源的均衡分配。

另外，各地地接社根据客户的体验反馈和实际旅游状况，不断优化行程路线、住宿条件、餐饮安排等。例如，2018年国庆期间，全国各地交通拥堵、景区客流量居高不下，西安随往地接社的导游在与客户沟通后，决定采取"倒着走行程"的方式，将"延安东线双飞5日游"第一天与第二天的行程对调，很好地解决了国庆节的堵车难题。

五、"旅游+分享"模式

途牛旅游网注重线上、线下"旅游+分享"模式的构建，通过线上电脑端平台、手机App端与线下体验相结合的方式，推动"线上+线下"旅游模式的建设，让旅游变得更简单、更舒心、更优质。

途牛旅游网的游客点评是一种分享经济形式，游客通过分享旅游心得，给其他游客做参考。游客点评主要表现在导游服务、行程安排、餐饮住宿和旅行交通四个方面，点评方式包括撰写文字，分享图片、视频等。游客点评后系统会给予返现的奖励。

基于途牛旅游网的游客点评数据，途牛旅游网发布的《导游服务点评报告》。从2015年至今，途牛旅游网坚持进行"金牌导游"评选活动，促使导游点评奖励制度日臻成熟。截至2018年，共有1191人次获得"金牌导游"奖励，其中有出境领队和境外导游241人次。

六、分享旅游攻略

途牛旅游网上的很多分享内容都来自旅游达人，因此，旅游达人是途牛旅游网的一大特色，是它对旅游资深玩家的专业认证。成为途牛旅游达人，不仅要热爱旅游、拥有走南闯北的旅游经验，还要能够持续地编写精品游记攻略，最重要的是能够给其他用户提供新颖、实用、权威的旅游建议和帮助。

在消费升级大趋势下，消费者碎片化和个性化需求不断提升，为找到更多元化的旅游信息，用户与线上平台的交互不断升级。在这一背景下，途牛旅游网从PC、App端同步推出线上社区平台开始，便积极网罗途牛"旅游达人"，截止到2019年年初，全球已有1916人成功跻身途牛"旅游达人"行列。通过"游记""玩法""微游记""直播""视频""问答""旅图""结伴"等多元形态优质分享内容，途牛"旅游达人"为用户带来了更多可参考的旅游目的地细节化信息，每天产生约150万条互动量，有效提升了用户旅游体验。

途牛旅游网坚持着"让旅游更简单"的使命，秉承"阳光行程、阳光价格、阳光服务"三原则，策划出一系列高品质、满意度高的旅游专线，满意度永远是途牛旅游网的高关注点。

参考文献

[1] 途牛旅游网官网. http://www.tuniu.com/.
[2] 徐琴. 途牛网CEO于敦德，有一种青春叫永不放弃. 中国工人，2016.10.
[3] 焦婉玉，刘畅，陈虹志. 线上旅游行业的发展现状——以途牛网为例. 全国流通经济. 2018.08.
[4] 途牛旅游网. 途牛2017年度旅游达人评选出炉 线上线下共建"旅游+分享"生态圈. 2017.12.

案例3　出行前的指南针：马蜂窝

马蜂窝以旅游攻略、游记闻名于世，旅游之前先上马蜂窝看看成了很多游客的选择。马蜂窝由陈罡、吕刚等在2006年创建，2010年公司正式投入商业化运营。

一、马蜂窝的来历

准确地说，马蜂窝不同于携程网、同程旅游、途牛旅游网等在线旅游平台，它是一个旅游社交分享网站，它更注重攻略分享等旅游内容资源。马蜂窝已经覆盖全球200多个国家和地区，以2000多万条真实旅游分享信息和4亿次的攻略下载量，为1亿多位旅行者提供服务。依靠注册用户提供的大量一手信息，马蜂窝已先后推出了各类目的地旅游攻略，攻略内容涵盖当地吃、住、行、游、购、娱等各方面实用的旅游信息，给其他自助游爱好者提供了方便、快捷的旅行指南，受到了旅游爱好者的普遍欢迎。

马蜂窝由蚂蜂窝改名而来。2018年2月5日，蚂蜂窝旅行网发布声明，宣布"蚂蜂窝旅行网"正式更名为"马蜂窝旅游网"，并启动新一轮品牌换新，公司LOGO也做了相应的更新。

> **马蜂窝的来历**
>
> 　　此时此刻，谁和你共同关注同一个旅行目的地？
> 　　世界那么大，我们的下一个目的地在哪里，为什么要去那里？
> 　　一直以来我们都非常感慨蚂蚁、蜜蜂社会的团结无私、相互协作与共同分享。
> 　　当我们离开了现实环境，这种本能其实我们人类也一样具有。
> 　　这种现象经常发生在旅途中，或是在马蜂窝里。
> 　　这也是马蜂窝名字的来历。

二、马蜂窝的价值

　　全球有很多自助游爱好者，他们独自或者结伴前往旅游目的地，不跟团、不定制。自助旅游大多是来到自己不熟悉的环境中去寻求美景和美食，客户在出发前往往会搜集相关的旅游信息，尽量解决旅游过程中的信息不对称问题。马蜂窝的存在，就是为自助游爱好者解决旅游过程中的信息不对称问题，它为游客提供海量、真实、有效的旅游参考信息，所以马蜂窝是一个从旅游攻略分享社区切入发展成在线旅游市场的旅游网站。

　　旅行者在马蜂窝平台分享旅游过程中的照片、感受、酒店评价、美食推荐、景点评价等，通过马蜂窝的搜索引擎技术，把有用的信息进行提取和归类，这样即将出发的旅行者就能快速地找到自己需要的旅游信息，快速地了解一个新的旅游目的地。

三、不定位在交易平台，充当旅游指南的角色

　　依靠自己后台强大的数据处理能力，马蜂窝利用数据结构化来对接旅游市场。马蜂窝对一个旅游目的地的介绍是全面的、数据化的，对目的地的酒店、景点和美食的排序来自客户的经验和真实评价，通过观点的自由来达到信息的全面和客观，并形成数据反馈给客户。有了这些数据以后，马蜂窝打通了攻略、酒店、美食等相关产品的数据流，跟酒店、景点等旅游产品供应商对接，给供应商带去精准需求的客户，节省推广成本。让用户通过马蜂窝找到真正合适的酒店、景点等产品，出门前就做好相应的准备。马蜂窝依据海量的数据和用户偏好，对接个性化的产品服务，精准推出适合客户的个性

化、定制化的旅游产品。

马蜂窝以自由为核心，为自由行服务，逐渐探索出一条与传统OTA截然不同的运营模式——基于个性化旅游攻略信息构建的自由行交易与服务平台。虽然已经进军了交易领域，但马蜂窝并没有把自己定位成一个交易平台，而是充当旅游指南的角色：从信息到商品，满足了旅游从精神到物质消费的需求。

四、UGC原创的力量

2018年，中国成为世界最大的国内旅游市场、世界第一大国际旅游消费国。旅游业成为中国国民经济战略性支柱产业。中国旅游业以黑马速度实现起跑、赶超和跨越，这些巨变表现在一篇篇原创的旅游攻略里。

原创即UGC（User Generated Content），指用户原创内容，是伴随着以提倡个性化为主要特点的Web2.0概念而兴起的，也可叫作UCC。

UGC模式下，游客不仅是旅游产品的消费者，同时也是生产者和供应者，正是由于游客可以在旅游前、旅游中、旅游后随时发布照片、文字、行程等信息，可以与其他用户即时互动，旅游与社交的融合越发显著，从而使体验式旅游服务得到了发挥的空间。

另外，随着智能手机的普及和移动互联网的快速发展，游客进行UGC模式的内容原创会越来越方便。他们随手所记的游记基本都是碎片化的存在，但马蜂窝这类旅游攻略类的平台存在，可以帮助游客整理碎片化的旅游信息，帮助更多的旅行者做出合适的选择。

马蜂窝正是通过UGC的运营模式来打造自己的特色，它手握着海量宝贵的原创内容，将合适的旅游线路反馈给游客。

马蜂窝的旅行家专栏，让酷爱旅行的用户以独特的视角来分享旅行经验，共同领略世界各地的文化、历史、风俗等。专栏以纪实、趣味和实用为主，内容涵盖旅行方式、人文风俗、时尚美食、建筑设计、摄影绘画、逸闻趣事、历史故事、社会观察等。

五、马蜂窝的核心竞争力

马蜂窝自成立之初，就确定了自己的服务群体——无数自由行爱好者，为他们提供方便快捷的旅行指南。所谓自由行，通俗的解释就是指自由规划行程，自由完成旅途的旅行方式。

2017年《中国全域旅游消费趋势报告》显示，从2016年起，旅行者出行方式的散客化和自助化趋势越发明显，自由行的游客占比达到96.8%。这一数据体现了自由行方式受到越来越多人的喜爱，尤其是年轻人。这种旅游消费升级，让旅游前的准备显得尤为重要，马蜂窝这种旅行指南类的互联网平台就更加炙手可热了。所以，马蜂窝旅游网站在自由行消费者的角度，帮助用户作出合理的旅游消费决策，这一准确定位是其以后快速发展的基础。

既然是给他人提供指导性意见和建议的，那么参考的内容就至关重要了。马蜂窝除了提供攻略、游记等长文内容外，还通过问答、笔记、旅行视频等短文内容实现互动，加上酒店、机票、火车票和开发的旅行商城来完成旅游供应链的闭环（见图5-9）。所以，马蜂窝的竞争力最终是要归结在产品的竞争力上。

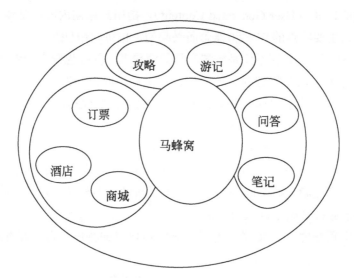

图5-5　马蜂窝主要产品线

马蜂窝上的攻略是对人们出行规划的建议，除了对旅游目的地做全面的介绍以外，还会对目的地的景点做详尽介绍；对路线做规划建议，如几日游路线或者暑假游路线，或亲子游路线等；还会根据目的地推荐合适的景点以及酒店，完成旅游供应链的闭环。为了方便游客出行前做足功课，马蜂窝会按照不同类目需求分编攻略，形成了如"丽江休闲游"等以旅游目的地城市为目标的攻略，还有如"北京滑雪"等以旅游项目为目标的攻略，还有如"瑰丽华东"等以省域为目标的自由行攻略，还有如"法国交通指南"等以某一需求为目标的攻略等。马蜂窝以合理的树形结构来布局攻略，目前攻略覆盖到了全球200多个国家和地区，攻略被下载超过了3.82亿次。"旅游之前，先上马蜂窝"的广告语正被一步步实现着。

马蜂窝的游记是一种分享自己旅行经验和经历的载体，是旅行中的一部分，一般是旅游后所记录的。游记是旅游者的感悟和旅游心得，既要书写得有条理，又要通俗易懂，方便游客查看和借鉴。以蜂首游记为例，马蜂窝首页每天都会给用户呈现一篇千挑万选的好游记，这篇游记被称为蜂首游记，其作者我们称之为"蜂首"。文章开始位置写着人均消费、出行天数、人员和时间等，正文中上传的图片，作者会尽可能地标记出拍照地点。每篇蜂首游记的右侧会列出游记目录，方便浏览者跳转浏览。点击某一景点，就能跳转至该景点主页，内容包括简介、点评以及相关旅游产品等。当然，蜂首游记以外的其他游记也采用同样的架构形式。马蜂窝的游记能激发读者对旅游目的地的想象和向往，从而引起旅游的冲动。同时，它也是对攻略的一种内容补充。

谈及旅游业电子商务发展的未来，马蜂窝的联合创始人吕刚认为：人们旅行的目的将会变得更多元化，消费者会越来越懂得旅游，对于旅游消费的要求越来越多，消费频次越来越高。而马蜂窝希望帮助用户储存和分享关于旅行的记忆资产，提供旅行的灵感，进而提供丰富的旅行产品。所以我们希望装下旅游的全部。

参考文献

[1] 马蜂窝官网. https://www.mafengwo.cn/.
[2] MBA智库. https://www.mbalib.com/.
[3] 刘佳. 马蜂窝COO吕刚：高频精神消费将成中国新经济增长点. http://travel.people.com.cn/n1/2018/0411/c41570-29919631.html. 2018.04.

第6章 金融类

案例1　互联网金融大鳄：支付宝和余额宝

一、互联网金融来了

互联网金融的出现，打破了传统金融业格局，迫使传统金融业不得不面对挑战，创新思变，投身互联网金融浪潮中，积极迎接挑战。

互联网金融到底是什么呢？有人认为互联网金融是一种区别于直接融资和间接融资的第三方融资方式，也有人认为互联网金融就是金融互联网化，是"互联网+"金融。不同学者会从自己所认知的领域去总结互联网金融的定义，至今也没有统一的说法。但可以肯定的是，互联网金融绝对不只是传统金融形式的升级，更不会是简单的传统金融电子化这么单一。互联网金融是传统金融行业和互联网行业的深层次结合，依靠互联网的开放、共享、协作、平等、及时的特点，互补传统金融行业的短板，包含虚拟货币、第三方支付平台、网络银行、互联网借贷、互联网众筹、互联网保险、移动互联网支付，等等。

互联网金融早在19世纪末至20世纪初就已经在我国萌芽，第三方支付平台和P2P都已经在2010年以前出现并发展。

2004—2012年，是互联网金融的萌芽时期。支付宝在2004年诞生，紧接着各类金融平台相继出现。2007年互联网金融的一个标志性业务形态——P2P网贷诞生，中国第一家P2P网络借贷平台拍拍贷成立。2011年5月18日人民银行正式向第三方支付平台发放牌照。2012年，平安陆金所推出P2P网贷业务，网贷平台迅速发展。

2013年，被称为"互联网金融元年"，我国互联网金融在这一年出现爆炸式发展。余额宝规模疯狂扩大，微信推出移动支付，众筹模式出现，互联网保险公司拿到"牌照"，传统银行也开始着手转型等，这些事件都标志着我国"互联网金融元年"到来。

互联网金融在高速发展的同时，监管力度更需加强。因为其是新生事物，发展过程中难免会出现各类问题。

2016年，被称为"互联网金融监管元年"。2015年至2016年年初，互联网金融进入爆发式增长，也是行业出现以来最不风平浪静的一年。基于恶劣事件频发，2016年，金融监管文件不断出台，监管政策全面落地推进，标志着互联网金融监管整治工作正式进入规范化程序。

2017年，我国的互联网金融进入"合规元年时代"。在这一年，金融监管力度进一步加强，《网络借贷资金存管业务指引》在年初发布；3月，银监会连续发布7份文件，专门针对资金嵌套、空转及高杠杆问题，互联网金融监管更加严格化、明朗化；9月初，银监会等七部门联合发布《关于防范代币发行融资风险的公告》，叫停各类代币发行融资活动；年末，监管层又针对互联网小贷和现金贷业务进行专项整治，并给出了排查重点和整治时间表。总之，在2017年，一系列的严规推动了我国互联网金融进入了合规时代。

从2014年到2018年，互联网金融连续五年被写入政府工作报告：在2014年首次提到"促进互联网金融发展"；2015年指出"促进互联网金融健康发展"；2016年提出"规范发展"；2017年提出"高度警惕互联网金融风险"；2018年专门提到了"健全互联网金融监管"。这些反映了政府对互联网金融合规发展的急切要求，也反映了互联网金融行业五年来经历的从高速发展到规范整治的历程。我国网络支付规模乘着各种有利政策的春风，迅速发展。

未来，会有更多的互联网金融服务产品出现，互联网金融产品也会渗透到企业发展的各个环节，例如，企业在研发时借贷资金、生产时金融互联网众筹、销售时通过第三方支付平台实现支付、开网店时使用网络短期借贷进行资金周转，等等。因此，互联网金融是企业未来发展的契机，也是必然选择。对个人来说，未来也与互联网金融产品息息相关，谁也无法绕开这个潮流置身事外。总的来说，互联网金融将在未来给我们编织一个大网，我们置于网中，无时无刻不受其影响。

二、支付宝的产生与发展

创立于2004年的支付宝（中国）网络技术有限公司，由阿里巴巴集团创办，目前是国内领先、大家耳熟能详的第三方支付平台。

支付宝是为了迎合网上购物的发展需求而出现的，当初只是淘宝网为了解决网络交易安全性所设置的一个功能，给交易双方提供"第三方担保交易模式"。后来扩展到在阿里巴巴中国站和美团等非阿里巴巴旗下网站中使用，现在成了移动支付领域的排头兵。经过了十几年的发展，如今的支付宝也早早褪去了当初的青涩，功能更加健全。支付宝的口号以成立之初的"因为信任，所以简单"，到后来的"支付宝，托支付"凸显其信任和保障的特点，再到现在支付宝成为生活中必不可少的应用，支付宝官网首页的宣传语也相应变为"你是中心，不需要别人给予，你想要的触手可及"。

支付宝除了网站，还有App，支付宝钱包已经是人们移动端必装软件之一了。那么什么是支付宝钱包呢？2008年开始支付宝开始介入手机支付业务，2009年推出首个独立移动支付客户端，2013年年初更名为"支付宝钱包"，并于2013年10月成为与"支付宝"并行的独立品牌；支付宝钱包是集在线支付和生活应用为一体的移动端App，目前为广大用户提供转账、信用卡还款、记账、发票管家、生活缴费、手机充值、城市服务等众多生活服务内容，而且功能一直在不断整合和增加中，如奖励金、相互宝红包等。

以下为支付宝主要的发展历程：

2003年10月18日，淘宝网推出支付宝服务；

2004年，支付宝从淘宝网独立，成立浙江支付宝网络科技有限公司；

2005年2月2日，支付宝提出"你敢用，我敢赔"承诺；

2008年，支付宝开始推出手机支付服务，同年上线公共事业缴费项目；

2010年，首次推出信用卡快捷支付；

2011年5月，第一个获得中央银行"支付牌照"；

2013年6月，推出"余额宝"服务；

2016年5月，支付宝上线医疗保险移动支付平台；

2017年5月，支付宝推出中国香港版支付宝钱包——支付宝HK；

2019年3月，支付宝信用卡还款收取手续费。

支付宝正式对外宣布，截止到2019年1月，支付宝全球用户数已经超过10亿。自2004年成立以来，支付宝已经与超过200家金融机构达成合作，为近千万微小商户提供支付服务，服务项目也在不断增加。支付宝也得到了更多用户的喜爱，截至2015年6月底，实名用户数已经超过4亿。在覆盖大部分线上消费场景的同时，支付宝也正在大力拓展各种线下服务场景，包括餐饮店、超市、公共交通工具等。目前，支持支付宝收付款的线下门店超过20万家，出租车、专车超过50万辆。支付宝的国际拓展也在加速，目前，境外超过30个国家和地区，近2000个签约商户已经支持支付宝收付款，覆盖14种主流货币。2013年支付宝开始支持韩国购物退税，2014年支付宝将退税服务扩展到了欧洲。在金融理财领域，支付宝为用户购买余额宝、基金等理财产品提供支付服务。目前，使用支付宝支付的理财用户人数超过了2亿。

三、支付宝中的角色定位

支付宝是阿里巴巴公司于2004年12月针对网上交易而推出的货币安全转移服务平台，致力于为用户提供"简单、安全、快速"的支付方式。目前，支付宝为众多的合作方提供支付服务，如美团外卖、中油好客e站等，已然发展成为中国最大的第三方支付平台，是互联网第三方支付的典型代表。

支付宝平台提供三种用户角色，分别是合作伙伴、商家用户和个人用户（见图6-1）。

图6-1 支付宝平台的三种角色

合作伙伴关系可以是支付合作，也可以是行业合作。支付合作即让商家一键接入支付宝收款接口，快速实现第三方支付；行业合作主要是为商业消费、交通出行、政务民生和教育医疗等行业提供移动支付方式，如在大型超市让消费者扫码支付、使用支付宝收缴物业管理费、通过支付宝便捷缴纳停车费等。

商家用户分为支付宝商家和口碑商家两种。对于支付宝商家，可以帮助商家安全、快捷地完成电脑网站支付、手机网站支付、App支付和当面付（商家扫描消费者的付款码或者消费者扫描商家收款码完成）等（见图6-2）。对

图6-2 支付宝商家支付功能

于口碑商家，针对的是阿里巴巴旗下的口碑网商家，付款方式也分为商家扫码和消费者扫码两种。

支付宝的个人用户主要是针对在淘宝网等网站上进行购物的个人消费者，对于网购的个人用户来说，支付宝的交易流程并不复杂。

（1）选择商品。消费者浏览商家网页，选好商品后拍下商品，下订单。

（2）付款到支付宝。消费者选择支付宝作为支付方式，如果支付宝账户里现金足够购买这件商品，消费者则直接付款。如果支付宝账户里余额不足，则要充值到支付宝账户。

（3）收货确认无误。消费者收到货物后，拆封检查验收。

（4）支付宝付款给卖家。如果消费者对商品满意，则用支付密码向商家付款并且对商家进行评价。

（5）交易成功。

（6）验货不对板。如果消费者对商品不满意，或者运输过程中有破损情况，则可申请退款，并将货物邮寄回卖家。

（7）商家收到商品后，验收商品，退款给消费者。

（8）退款成功。

四、支付宝的主要特色

1. 信用保障

支付宝除了帮助各方完成支付外，还能提供信用保障功能。当用户通过支付宝支付现金给商家时，这笔钱没有直接进商家的账户，而是由支付宝作为信用担保，暂时保管这笔钱，只有用户收到商品并确认收货后，这笔钱才由支付宝转账到商家的支付宝账户中。

2. 安全保障

支付宝的服务承诺是"你敢用，我敢赔"，使用支付宝购物过程中遇到货物损失的用户视情况将获得全额赔付。

五、余额宝的出现

对众多支付宝用户来说，很多人是知道余额宝的，但并非人人都使用和了解它，那么到底余额宝是什么呢？余额宝是支付宝与天弘基金合作开发的一款货币基金，是目前最成功的国内货币基金之一。

2013年6月，支付宝推出全新产品"余额宝"，1年时间内，融资规模一下达到了5400亿元的天量，超过了传统基金龙头企业——华夏基金。

在人们传统思维里，理财产品至少具备两个方面：一是起购金额数额大，一般5万元起；二是需要到银行或者某基金等金融机构柜台专门办理，或通过网银购买。而余额宝却打破了人们的传统思维模式，使用数额小的金额也可以完全在线购买理财产品。

余额宝的出现有其可行性和必要性。当时支付宝用户数量巨大，支付宝里的余额放在一个虚拟账户里，但不增值，有部分人必然会取出来存到银行。而余额宝的形式是让支付宝里的钱"生"钱了，这是一个了不起的创举。另外，钱少也不要紧，余额宝的认购门槛极低，不用5万元，1元就可以了，所以，它的出现获得了很多人的赞许。

余额宝的出现及其后续的成功，最大的贡献是让中国的老百姓更多地了解了货币基金，也让更多的人享受到了货币基金带来的收益。在余额宝出现之前，很多人不知道货币基金是何物，只知道银行定期、活期存款。余额宝最初的收益甚至高达6%～7%，更使得很多人选择把自己的闲钱存到余额宝，普通民众的理财需求一旦被激发，潜力无穷。

六、余额宝为什么成功？

余额宝能在短时间内成功，有其创新性的优势：首先，余额宝的认购门槛极低，符合民众的理财需求；其次，理财时间灵活，用户可以随时把闲钱转入，还可以随时转出，1万元内的金额一般2小时就可以快速到账，而且没有手续费等额外费用，无限额的金额一般需要4天。

余额宝很顺利地完成了它的两个历史使命。

第一，成为中国老百姓的货币基金理财的启蒙老师，做到了"传道，授业，解惑也"，余额宝出现后，一些其他的金融类产品如雨后春笋般出来，百度推出了百度理财（后改名为度小满理财），腾讯推出了理财通，网易推出了网易理财，京东推出了京东金融，苏宁推出了苏宁零钱包，新希望集团推出了希望金融等，打破了之前银行理财一统天下的单一局面。

第二，成为一条中国金融行业的"鲶鱼"，搅动了传统金融业这潭"死水"，使其更健康发展。余额宝像一条不安分的鲶鱼，从一进入理财市场，便是一石激起千层浪。银行业通过存贷利息差和中间业务获得较高利润,中小企业和个人向银行贷款较难,所以,中小企业融资难的困境一直存在着。而且银行在中国各种金融类电子商务产品的疯狂跑马圈地运动下,渐渐感到了危机,促使他们不得不加快转型和改革的步伐,例如,推出银行的低门槛基金产品等。银行除了自身改革外,从安全性等各方面考虑,银保监会等出台了各种管理措施,最厉害的当属限额措施,余额宝原来单日存取金额不限,后来单日存入限额变成了5万元,余额宝转出到银行卡快速到账每日限额变成了1万元,因为转入金额受限快速转出金额受限、普通转出时间变长等因素,这直接导致大金额资金的流动性受到严重影响,大金额资金留在余额宝的可能性极大地降低。

> **鲶鱼效应**
>
> 　　挪威人爱吃沙丁鱼,尤其是活鱼,挪威人在海上捕得沙丁鱼后,如果能让它活着抵港,卖价就会比死鱼高好几倍。但是,由于沙丁鱼生性懒惰,不爱运动,返航的路途又很长,因此捕捞到的沙丁鱼往往一回到码头就死了,即使有些活的,也是奄奄一息。只有一位渔民的沙丁鱼总是活的,而且很生猛,所以他赚的钱也比别人的多。该渔民严守成功的秘密,直到他死后,人们才打开他的鱼槽,发现只不过是多了一条鲶鱼。原来鲶鱼以鱼为主要食物,装入鱼槽后,由于环境陌生,就会四处游动,而沙丁鱼发现这一异己分子后,也会紧张起来,加速游动,如此一来,沙丁鱼便活着回到港口。
>
> 　　因此,鲶鱼在搅动小鱼生存环境的同时,也激活了小鱼的求生能力,这就是鲶鱼效应。鲶鱼效应是采取一种手段或措施,刺激一些企业活跃起来投入到市场中积极参与竞争,从而激活市场中的同行业企业。其实质是一种负激励,是激活员工队伍的奥秘。

七、余额宝的钱用来干什么了?

　　余额宝的确对银行的存款业务造成了很大的冲击,特别是余额宝收益率较高时,"存款从银行搬家到支付宝"的现象时有发生。那么余额宝吸收的这些存款又放到哪里去了呢?

　　为了降低风险,天弘基金把余额宝的钱主要投向了货币市场,其中最主要的渠道就是回归了银行。感觉到匪夷所思了吗？没错，是回归。通过协议存款的方式，余额宝把钱存回到了银行，一出一回，到底发生了什么呢？

协议存款的利息要高于活期存款，中央电视台证券资讯频道执行总编钮文新这样解释这种现象：余额宝联合货币基金把老百姓手里的小钱贷给缺钱的银行，是在玩一种基本没有风险、钱"生"钱的暴利游戏。而银行吸纳存款以后，是通过自己的专业知识把钱再贷给各种企业和个人，赚取利差。

普通大众的理财需求已经被各种金融类平台释放出来，即使余额宝在金额等方面被限制，资金也很难直接再返回到银行活期账户里，普通民众只会寻找更合适的投资理财产品而已。

支付宝和余额宝的出现，改变了用户的金融消费习惯，改变了传统金融行业的思维模式和服务形态。金融业在互联网大潮中，创新的道路需要继续走下去！

参考文献

［1］支付宝官网．https://www.alipay.com/．
［2］徐英．一本书读懂互联网＋金融．北京：电子工业出版社，2015．
［3］海天理财．一本书读懂互联网金融．北京：清华大学出版社，2015．

案例2　P2P网贷平台：拍拍贷

一、P2P的由来

P2P的全称是Peer to Peer，翻译成中文，就是个人对个人直接信贷的模式，具体是指由一个信用中介方出面，撮合资金出借人方和资金借贷方形成借贷交易，信用中介方从中收取一定的信息费用或者服务费用。P2P的资金交易模型最早在1983年被提出，由诺贝尔和平奖得主、孟加拉国银行家穆罕默德·尤努斯首次阐明。

P2P模式中，撮合方也就是牵线搭桥方，需要对出借人的资金进行效益评估、经营管理等，并对其发展前景作出定时评估。如果这个撮合方是一个互联网平台，那么，这种P2P模式我们就称之为P2P网络贷款，简称为P2P网贷。

二、国外的P2P网贷平台

全球最早的P2P网贷平台出现在英国伦敦,是2005年3月成立的Zopa网贷平台(见表6-1),现已发展成为英国最大的P2P网贷平台,并在美国、意大利、日本等国家成立了分公司。Zopa平台主要提供的贷款种类有车辆贷款、装修贷款和债务重组,经营理念的定位是:减少中间环节,使投资人与借贷人在投资收益和借款成本方面获得更好的效果。

表6-1 Zopa企业信息表

属性	备注
成立时间	2005年3月1日
网址	https://www.zopa.com/
创始人	毕业于牛津大学的吉尔斯·安德鲁(Giles·Andrews)等,共7位
地位	P2P网贷鼻祖,三大网贷平台之一
员工规模	400名左右
放贷规模	超过22.8亿英镑
服务人数	超过22.7万名
融资	2018年11月,Zopa完成6000万英镑G轮融资

Prosper是美国的第一家P2P网贷平台,成立于2005年,现在是美国第二大P2P网贷平台,曾经得到了红杉资本等投资者的支持。在Prosper平台上,用户若有贷款需求,可在网站上列出期望数额和可承受的最大利率。潜在贷方则为在满足贷款需求数额和利率的前提下展开竞价。

而目前美国最大的P2P网贷平台当属Lending Club公司,这家成立于2006年的网贷平台位于美国旧金山,2007年5月开始以Facebook上一个应用的形式运营。2014年上市,成为美国第一家上市的P2P平台,风光一时。其定位是为在线交易服务的信息服务中介,为个人和企业提供包括无担保个人贷款、超基本消费放款、无担保教育与病人金融贷款和无担保小型企业贷款等服务。Lending Club的基本业务流程如下:借款人提交贷款申请;Lending Club生成借款人信用报告,一旦审核通过,Lending Club会根据不同的贷款申请进行差别定价,即根据借款人的具体信用数据对每笔贷款申请制订不同的借款利率;然后网上银行发放贷款。但在2018年,Lending Club财务报告上亏损较大，相对于2014年上市时曾高达120亿美元的市值缩水严重，未来发展前景令人担忧。

三、国内的P2P网贷平台

我国的P2P网贷业务从2006年开始，最初是模仿Lending Club的平台模式。2007年我国第一家P2P网贷平台——拍拍贷成立，开创了我国P2P网贷先河，其后一部分具有创业冒险精神的投资人随之尝试开办了P2P网络借贷平台。

2007—2012年，属于我国P2P的初步发展阶段，主要是做贷款信用借款业务，我国的P2P平台大约有二十多家。第二个阶段是2012—2013年，属于我国P2P爆发阶段，这一时期，平台数量激增，2013年年底，一度达到了800多家，很多曾经做线下放贷的企业开始尝试P2P网贷业务。2013—2014年，是我国P2P发展的瓶颈期，这一阶段，P2P模式集中出现了各类问题，信用危机、跑路等问题层出不穷。2014年至今，我国P2P迎来了政策调整期，基于2013年、2014年出现的各种问题，国家开始出台各类政策进行干预调整，宏观调控下，P2P借贷环境趋渐良好，尤其是2014年以来，国有大企业、互联网大鳄、上市公司、银行等相继涉足P2P业务，使得我国P2P市场的发展更为健康。目前，我国具有代表性的P2P网贷平台有陆金所、拍拍贷、人人贷、宜人贷、翼龙贷等。

四、P2P的业务模式

第一种，纯线上无担保交易模式。这种模式下，平台只是充当中间人的角色，不提供担保责任，风险由投资者自己承担，平台只是披露借贷双方的借贷需求，进行信息匹配和必要的服务等。这种模式是民间借贷模式的网络化，是一种最原始的P2P平台运作模式，美国的Lending Club平台就是遵循这样的交易模式，充当了提供在线交易的信息服务中介的角色。这种不提供资金担保的方式，投资者接受起来有一定的难度，所以我国这种模式的P2P较少，而拍拍贷一直坚持纯线上无担保模式的经营理念。

第二种，有担保线上交易模式。这类P2P平台不是只简单的充当"牵线人"的角色，它还要与担保机构合作，审核借款人的信用信息，管理平台吸收到的资金。在这种模式下，平台既是"牵线人"，又是担保人，还是联合追款人。目前，这类P2P平台的担保模式主要有以下四种：一是引入第三方担保；二是风险准备金担保；三是抵押担保；四是引入保险公司。

第三种，线下交易模式。这种模式类似于民间借贷，线上交易平台提供借贷信息，真正交易却要在线下完成。与线上业务的一大区别就在于款项并不会由公司或个人转手，而是直接在债权人、债务人之间转移，这样能有效规避了中间人挪用资金的风险。但是线下交易会受到地域限制，而且为了提高交易的安全性，一般借款人需要提供相应的抵押物。

第四种，线上+线下模式。这主要有两种结合方式，一种是为了降低风险，小额交易在线上完成，大额交易在线下完成，既有线上模式的灵活性，又能降低大额借贷的风险。另一种是线上平台吸引出借人，线下放贷，这种形式能在集中线上精力助攻理财端，完成筹资，而通过线下审核借款人资信和还款能力，开发更优良的借款人，一定程度上规避坏账风险。

不管是哪种P2P模式，符合规范是必须的，规避风险是必要的。因网贷收益较高，近几年，P2P网贷投资也逐渐受到了不少家庭的青睐，甚至逐渐成为部分家庭的主要配置投资品种。然而，收益客观的同时，风险同在，对于网贷投资而言，同样还会存在信息不透明、投资标的真伪难辨以及投资资金去向不明确等问题，一旦平台发生提现困难、项目逾期乃至跑路等现象，那么投资者就要承受很大的投资风险。

目前，我国P2P行业已经由银保监会监管，相关部门也在积极制定行业指导规范和标准，应该有信心相信：我国的P2P以后会在合规合法前提下健康成长。

五、拍拍贷

成立于2007年的拍拍贷，是我国第一家P2P纯信用、无担保的网络借贷平台，隶属于上海拍拍贷金融信息服务有限公司。拍拍贷是国内第一家由工商部门特批，获批"金融信息服务"的经营范围，得到政府认可的互联网金融平台。这家总部位于上海的P2P企业，从成立之初，就坚持秉承企业的口号——"金融触手可及，信用改变中国"，遵从金融本质，以数据为基石，用创新技术为用户提供最便捷可得的借款撮合服务，助力普惠金融在中国的发展。

2017年11月10日，拍拍贷成功在美国纽约证券交易所上市。2018年全年净利润达到24.695亿元，全年撮合借款金额达614.98亿元，总体业务发展稳健，截至2019年3月底拍拍贷平台累计注册用户数已超过了9300万人。

消费金融是践行普惠金融的重要方式，尤其是P2P网贷在过去的发展中已经初步证明了其对于缓解中小企业尤其是小微企业和个体工商户的融资难问题有一定的助推作用，虽然国家对P2P监管日渐严格，但国家鼓励支持发展包括P2P网贷在内的数字普惠金融的总基调没有改变，小微企业庞大的融资需求没有减少，我国P2P市场竞争仍然激烈。

六、拍拍贷的产品介绍

第一个产品——散标。拍拍贷秉承利用小额投资的模式来分散投资风险的理念，推出了散标产品。散标产品的最低投资额度开始设为50元，现在调整为100元，也就是说，借出人可以对散标产品中的借款人一次性借出金额100元，以100元递增。举例来说，如果一个出借人在拍拍贷平台有10000元投资，他可以投资最多100个散标借款人，相对应的，如果一个借款人想要借款10000元，他可以利用散标产品最多找到100个出借人。

第二个产品——新彩虹。新彩虹是拍拍贷基于12年大数据为用户精心打造的自动投标策略。出借金额1000元起，以1000元进行递增，提现费用为0元。用户使用该策略可以实现智能匹配标的，减少资金闲置。出借资金全部用于拍拍贷官网发布的真实借款标的出借，匹配的借款标的数量大致为10～1000个。用户可随时查看自己匹配的债权，真正做到每一笔资金对应债权清晰透明。该策略所出借标的期限均不超过36个月。

七、拍拍贷的风险控制

拍拍贷虽然不提供担保，不承担风险，但它借助于高科技，研发了依托大数据、云计算和人工智能等先进科技为一体的"魔镜"大数据风控系统，为了分散借出人的风险，拍拍贷还推出了"风险保障计划"。

2015年，拍拍贷上线了自主研发的大数据智能风控系统——"魔镜"。"魔镜"的核心是一系列基于大数据的风险模型，能够对每一笔借款进行评级并精准定价，实现审核的全自动化。魔镜系统通过魔镜等级来标注每一笔借款的风险，每一个评分区间会以一个字母评级的形式展示给借入者和借出者，从AA到F，风险依次上升（见图6-3）。影响借款人风险等级的因素主要有：历史还款记录、个人负债、信用历史、个人信息、第三方数据等。

魔镜等级	借款标的	协议利率
AA	手机用户第一次闪电借款	7.5%
AA	pdu1****67563第18次借款	8%
AA	pdu0****24781第5次借款	8%

图6-3　魔镜等级显示

魔镜等级不仅关系到是否能在拍拍贷平台借到钱的问题，还会影响借款利率和金额。拍拍贷CEO张俊这样说："千人千面，我们会针对每个借款人的情况进行分析，决定是否出借、可以借多少钱以及费率是多少，越靠谱的借款人所获得的额度就越高，同时费率也越低。"

2017年12月8日，银监会57号文要求国内的P2P机构要在2018年6月底前完成备案登记工作，同时要求平台"应当禁止继续提取、新增风险备付金"，并引导P2P平台采取"引入第三方担保等方式"对出借人进行保障。2018年2月9日，为了响应银监会要求和进一步分散借出人的风险，拍拍贷提出了"风险保障计划"。拍拍贷与中合中小企业融资担保股份有限公司合作，通过"风险保障计划"为用户提供风险保障。借款人缴纳保费后，若不能按时偿还借款，出借人可获得中合担保相应的保障金，若超出风险保障金专项账户专款范围，未能覆盖的风险，由出借人自行承担。

除此之外，拍拍贷还基于自然语言处理和声音情绪识别等技术研发了智能客服机器人和智能质检机器人。在资金端应用了自主研发的自动化营销系统，协助营销人员对市场营销活动进行有效的计划、执行、监视和分析，优化营销流程，使部分共同的任务和过程自动化，做到精准营销。

八、拍拍贷的借贷流程

拍拍贷用IT技术将民间借贷升级到互联网，为有资金需求和理财需求的双方搭建了一个安全、高效、诚信的网络借贷平台，并运用先进的风险控制理念使其创新发展。用户可以在拍拍贷上获得信用评级、发布借款需求、快速筹得资金等；也可以把自己的闲余资金通过拍拍贷借给信用良好有资金需求的个人，在获得良好的资金回报率的同时帮助他人。拍拍贷提供互联网下的一站式金融借贷服务，借入者和借出者利用拍拍贷的虚拟账户高效、安全地完成互联网借贷服务。

拍拍贷的借入者和借出者都来自网贷平台，也就是借入者通过拍拍贷平台发布借款需求，借出者在平台上寻找合适的投资对象，流程如图6-4所示。

图6-4　拍拍贷借贷款流程

对于借入者而言，信用显得尤为重要。拍拍贷平台与权威的数据中心展开合作，并运用这些数据对借入者的信用进行审核，给出相应的信用额度。对于借出者而言，拍拍贷平台不提供担保，也不提供任何形式的垫付，任何投资风险除去"风险保障计划"的获赔外，均由借出者承担，相对应地投资回报率也较高（一般高于7%）。

21～55周岁中国公民，有稳定收入来源者皆可申请，因此，拍拍贷平台的客户相对来说较广泛。拍拍贷平台的盈利模式主要来自收取借贷成交中的服务费，它实行的是单向收费规则，也就是只向借入者收费。单向收费规则是：借款期限6个月（含）以下，向借入者收取2%成交服务费；借款期限6个月以上，向借入者收取4%成交服务费；成交后收取，没有前期费用。

九、未来发展

虽然在中国目前P2P市场中，保本保收益类型的平台还是主流，但拍拍贷这种模式体现了网络借贷的精神，反映了实质。在未来的P2P市场的发展，机遇与挑战并存。

P2P的模式打破了我国传统的金融模式，为中小企业尤其是小微企业和个体工商户的融资提供了便利，增加了融资渠道，降低了融资成本，P2P模式是传统银行借贷模式的一种补充。

未来，拍拍贷可以开发更多的符合人们预期的投资产品，来满足不同资金需求者的融资需求。这些产品应该以融资需求者的需求为出发点。另外，拍拍贷要利用高科技和大数据，对贷款风险提供更多的提前"预警"，如果不解决安全问题，没人会甘愿把自己的资金放置在风险之中。平台之间是否可以实现共享机制，是未来研究的方向。

参考文献

[1] 拍拍贷官网. http://www.ppdai.com/.
[2] 曾德超，张志前. 颠覆暴利：互联网思维下的金融创新. 北京：社会科学文献出版社，2015.
[3] 马兆林. 一本书读懂P2P新玩法. 北京：人民邮电出版社，2016.
[4] 21世纪经济报道. P2P网贷技术驱动样本：拍拍贷"魔镜"风控系统实现全自动化审核. 2018.

案例3　专注实体空间融资的众筹平台：多彩投

一、众筹是互联网融资的一种方式

"众筹"起源于英文"Crowdfunding"，是在2006年8月由美国的迈克尔·萨利文提出的，基于其创建的Fundavlog融资平台，他是这样描述众筹的概念的：众筹描述的是群体性的合作，人们通过互联网汇集资金，以支持由他人或组织发起的项目。

众筹最初是作为艺术家们进行创作融资的一种手段，"众"是依靠人民大众力量的意思；"筹"是筹措资金的意思。而随着互联网的兴起，众筹变成了一种平民化的商业模式,使得众筹项目更加开放,衡量标准也不再以收益为唯一标准。因此,我们现在所说的众筹是通过互联网方式发布筹款项目并募集资金,它已经成为众多创业者融资的重要渠道。

通过搭建的众筹平台,汇聚众多的众筹项目,投资方自由选择合适的项目进行投资,达到资金需求方和供给方的合理匹配(见图6-5)。

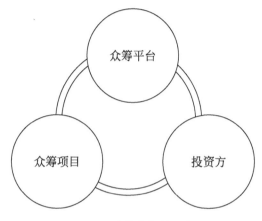

图6-5 众筹参与的三方

众筹是互联网金融的一种方式,创业可以没资金、没经验甚至没团队,只要创意得到投资者的认可,同样可以获得融资。还有一些公益性的众筹平台不是以商业价值为标准,而是延伸到了公益圈,门槛更低,特点更鲜明(见图6-6)。互联网金融下的众筹模式相比较网上银行、P2P等,有其独特的特点。

图6-6 公益众筹

第一,众筹门槛低。与发起者的职业、年龄、性别等没有关系,只要有好的创意并能实施,都可以发起众筹项目。只要创业者的创意通过众筹融资成功,就可以拿着投资者投资的资金去完成项目,自己不需要投入额外的资金成本,减轻了项目发起者的资金压力。

第二，众筹具有广度性。互联网是个开放性的平台，所以，基于互联网的众筹也是开放的。任何网民都可以通过众筹平台实时了解和掌握众筹项目的情况以及进展，甚至可以通过线下路演进行交流等。

第三，众筹具有规则性。虽然众筹平台是开放的、低门槛的，但无规矩不成方圆，众筹模式也有一定的规则。例如，众筹是要对投资者设有回报的，并非无偿的（公益性众筹除外）。众筹是设定好预设时间的：设定时间内，没有达到融资额度的，要退还已获得的融资金额；预设时间内，达到或超过金额，融资成功，项目完成后，发起人要兑现融资时的承诺。

第四，众筹具有多样性。目前众筹的方向多种多样，包括设计、电影、音乐、漫画、房屋、游戏、公益等。未来，会在更多方向发展众筹模式。

二、国外众筹模式的发展情况

众筹首先是在欧美等国家兴起，商业模式的众筹最早出现于美国。全球最大的众筹平台Kickstarter就产生于美国。2009年4月，在美国纽约，艺术爱好者Perry Chen创办了Kickstarter，给那些有好项目但缺乏资金的创业者提供一个可以募集资金的平台，支持和激励有创造性、创新性和创意性的活动，助力梦想成真。Kickstarter对众筹项目收取一定的佣金。

Oculus成立于2012年，创始人帕尔默·洛基通过众筹平台让其公司一举成名。大学中途辍学的帕尔默·洛基成立的Oculus是一家游戏公司，2012年8月1日，Oculus在Kickstarter上发布了一个专门用来玩虚拟现实游戏的虚拟现实头盔项目，融资目标金额为25万美元。经过一个月的融资，该项目获得了9522名投资者的支持，获得筹款高达243万美元，是预计融资金额的近10倍。融资成功后的Oculus加大了虚拟现实头盔的研发和生产进度，获得成功。在2014年7月Oculus被Facebook（脸书）以20亿美元的价格收购。

众筹模式在美国运营成功后，如雨后春笋般在全世界生根发芽，从北美洲、欧洲等地迅速扩展到大洋洲、亚洲和南美洲等。

三、国内众筹模式的发展情况

我国最早把Crowdfunding翻译成"云募资"，直到2011年2月，作家寒雨在《创业邦》杂志发表了一篇论文《众筹的力量》，第一次把Crowdfunding翻译成"众筹"。至此，众筹这个词才在我国被广泛使用。

2011年7月，我国上线了第一个众筹平台，即点名时间。平台上线不久，就获得了50万美元的天使投资。2014年，曾经有2个项目的筹款超过了100万元，风光无限。

随后，中国众筹平台纷纷出现，截至2018年6月底，全国共上线过众筹平台854家，尤其是2014年，众筹平台数目激增，全年共有169家平台上线，这一年被称为"众筹元年"，是中国的众筹行业被全面渗透的一年，尤其是在2014年年底我国《私募股权众筹融资管理办法（试行）》的出台，使得众筹成为人们关注的焦点。2017年是众筹行业深度"洗牌"的一年，在监管趋严、规范发展的金融监管大背景下，非良性发展的众筹平台逐步退出市场，行业进入规范期。

2014年以后，我国众筹平台经过了较大的调整，有些进行了转型和下线，淘宝、京东、小米等电子商务巨头也纷纷加入众筹行业。2018年上半年，全网累计获取的众筹项目达48935个，成功项目数为40274个，成功项目融资额达到137.11亿元，与2017年同期成功项目融资总额110.16亿元相比增长了24.46%，成功项目支持约为1618.06万人次。截至2018年12月底，我国处于运营状态的众筹平台共有159家，很多众筹平台转型或者下线。

中国众筹平台主要发展历程如下。

2013年10月，淘宝推出了众筹平台"淘星愿"，2014年3月，淘星愿改名为淘宝众筹。

2014年4月，百度开始众筹实验，2015年9月，百度众筹上线，2017年12月，百度众筹黯然下线。

2014年7月1日，京东宣布上线京东众筹，京东众筹作为京东金融第五大业务板块诞生。

2014年7月，苏宁加入了众筹行业。

2015年7月13日，小米众筹平台正式上线。

电子商务巨头们做众筹一般都聚焦在科技类产品上，将电商平台的产业链前移到产品量产前，相当于C2B的定制模式，让用户影响生产者的决策方向，他们也在践行着众筹是利用互联网聚集大众力量扶持创新的初衷。

四、实体空间投资的多彩投

成立于2014年10月的多彩投，全称是北京多彩投网络科技有限公司，它把自己定位为全球专业实体空间投资平台，经营理念为"投资美好生活"。

在2017年多彩投已经实现盈利。民宿项目全球开花，项目覆盖近400个目的地，项目类型包括精品酒店、民宿、公寓、联合办公以及商业地产等。

多彩投由赵耕乾和张森华两位资深地产基金投资人联合创立，平台专注于筛选世界各地最优质的酒店、民宿及公寓等住宿空间资产，为这些项目筹集资源，现在已经发展成行业内最专业的领军众筹平台之一。因为多彩投专注于空间资产的投资、精细化房产众筹这一垂直细分市场，在收益率、平台盈利方面都取得了不错的成绩，受到市场青睐（见表6-2）。

表6-2　多彩投融资历史

时间	投资方	金额
2015年8月	顺为资本	千万元天使轮投资
2016年7月	英诺天使基金、分享投资和顺为资本联合投资	数千万元
2016年9月	云起资本和火橙创业加速器	数千万元
2017年6月	DCM领投，顺为资本跟投	1000万美元

五、多彩投是股权型众筹平台

实际上，多彩投的众筹项目，采用的是股权众筹方式，那我们来说一说什么是股权众筹，这还得从众筹的分类说起。

按照主流的划分方式，众筹主要分为股权型众筹、债券型众筹、奖励型众筹和捐赠型众筹四类。

股权型众筹就是项目筹资人通过众筹平台发起融资项目，投资者可以获得公司一定股权的众筹模式，回报方式最终还是资金。简单来说就是，你给我投资项目，我给你一定的公司股份，让你成为股东的模式。股权型众筹模式下，投资者就会享有分红的权利，当然，目前也是存在较大法律风险的一种众筹模式。国内主要的股权型众筹平台主要有人人投、多彩投、众筹客、爱就投等。

股权型众筹的过程如下：

第一步，筹资方向众筹平台提交项目，等待审核；

第二步，平台审核通过后，在线上发布项目；

第三步，募资到期，签署协议，投资方与筹资方成为合伙人，平台向筹资方划拨资金；

第四步，项目实施；

第五步，投资人享受分红和其他收益；

第六步，投资期满，协议收回，投资结束。

债券型众筹，就是P2P网络借贷，是指投资者对众筹项目进行投资，获得相应的债券，在未来规定的时间内，投资者收回本金的同时获得利息。简单的理解就是，你给我钱创业，我以后还你本金和利息。

奖励式众筹，也叫作回报型众筹或者预约式众筹，是指筹资方在众筹平台发起众筹项目时，许诺投资人将来可以获得相应的奖励，而这个奖励往往是产品或者服务，而非金钱。简单来说，就是你给我钱，我将来给你产品使用或者提供给你服务。奖励式众筹可以在产品未上市之前进行，既能培养首批用户，也能测试一下产品是否真正被需求。目前，我国奖励式众筹平台主要有众筹网等，中国第一个众筹平台点名时间也属于此类。

捐赠型众筹，是指投资者对项目进行无偿的捐赠，这不同于以上三种模式，因此，这种类型是纯公益性质的。也就是说，你给我钱，我给你的只有感激和情怀，别无他物。

六、"投资+消费"形式的空间众筹

多彩投采用"投资+消费"模式，何为"投资+消费"模式呢？实际上，多彩投的众筹项目，采用的是股权众筹方式，投资人在投资了实体空间后，不仅未来获得现金分红，还能获得所投资空间项目的某些消费权益，深度参与项目，这样，投资者其实就成了最忠实的该项目的消费者。

DCM中国联合创始人、董事合伙人林欣禾（Hurst Lin）曾经说："好的产品就像一道色香味美的菜品，只有亲自吃过才能体会到其中的韵味。同样，多彩投让投资者的投资不单单是往里投钱，更多的是鼓励投资者亲身去体验项目，做到心里有数不盲目。这也是DCM如此信赖多彩投的重要原因。"

是的，亲身体验和参与感是多彩投"投资+消费"形式的最直观体现。亚朵酒店就是典型的成功典范。

亚朵做的是中档酒店，这被行业认为是最难做的酒店类型。但是亚朵酒店用了不到5年时间，在全国110个城市开了150家酒店。而且，在2017年的《中国中端酒店投资报告》中，亚朵在用户满意度、投资回报率、投资人满意度三个维度上，同时位居第一。

亚朵酒店的创新之处和成功点，就是开设新的酒店时，资金的来源采用众筹模式。一般来说，平均一家亚朵酒店前期创始人得投资2000万元左右，这笔钱采用众筹方式募集得来。比如，天津小白楼亚朵酒店发起众筹，只用了2个小时预约金额就已经达到了募资需求，到5个小时预约总金额超过5000万元。65%以上投资人都是亚朵曾经的消费者或会员，他们除了获得投资收益外，还会获得对应等级的酒店消费权益。因此，他们就成了最忠诚、高黏性的亚朵产品的体验者、消费者，并且经由众筹升格为了投资者。据悉，最早参与亚朵众筹的7500位会员，每人每年平均在亚朵住宿15间夜以上，这些人累计贡献间夜量达15万。"投资+消费"的模式告诉大家：众筹收获的不仅仅是钱，还收获了让你骄傲的消费权益。

七、多彩投的众筹项目

多彩投的众筹项目分为股权、收益权和消费众筹三类。不管是哪一种众筹方式，多彩投对每一个项目都作出详细项目介绍和项目方案展示。以亚朵S虎扑篮球酒店上线多彩投的众筹为例，我们来看一下多彩投的众筹项目是如何进行的。最终，该项目以504%的众筹进度完成了募资。

在项目介绍环节，平台会用图文并茂的方式介绍众筹项目，可以用讲故事的方式、提炼卖点的方式、回顾历史的方式、煽情的方式等，总之，竭尽所能，体现项目的价值，告诉投资者：来吧，这不仅仅是一间民宿、一家酒店、一方休闲的度假区，这里还有情怀。

所有的投资是要看效益的，所以，多彩投平台上会花大篇幅来介绍每一个项目的项目方案，越详尽越好，包括项目价值、投资回报、退出机制、风险控制等。例如，亚朵S虎扑篮球酒店的众筹项目，写明项目估值、筹集规模、最高募集金额、起投金额、限投金额、投资期限、是否可提前回购等。

一般，不同的投资金额，项目会分设阶梯形回报方案。例如，投资金额不等，现金回报收益率不等，消费回报实行阶梯形递增见表6-3。

表6-3 亚朵S虎扑篮球酒店投资回报方案

方案名称	金额/万元	预测现金回报/年	消费回报
限时方案	3	9%～10%	一次性可获得1张房券
收益权方案一	6	9%～10%	一次性可获得2张房券
收益权方案二	12	9%～10%	一次性可获得4张房券

续表

方案名称	金额/万元	预测现金回报/年	消费回报
收益权方案三	33	9%～10%	一次性可获得11张房券
收益权方案四	72	9%～10%	一次性可获得24张房券
收益权方案五	150	9%～10%	一次性可获得50张房券

对每一个多彩投项目，平台本身都会进行严格实地考察后才会上线。平台可以找项目，项目也可以找平台洽谈。相对线下众筹模式，多彩投流程做了简化，但依然通过成立有限公司合伙企业的方式，保障投资人权益（见图6-7）。多彩投平台CEO赵耕乾在给雷军的信中这样说："一直坚持精挑细选地提供最优质的空间项目给用户，而不是快速粗制滥造。用户的投资和消费体验，永远是我们最重视的。到现在，我们成了国内较大的空间投资平台，我们始终相信可以为'城市更新，乡村复兴'和'实体经济直接融资'贡献创新的力量！我们的目标是成为全球最大的空间投资平台。"

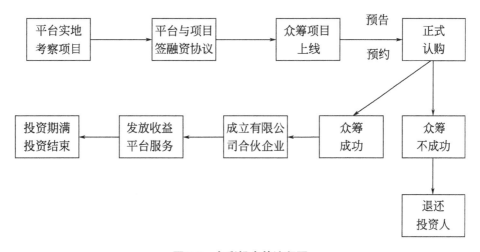

图6-7 多彩投众筹流程图

经过几年的努力，多彩投在实体空间众筹项目中，足迹不仅涉及国内热门旅游城市，还涉足了国外优质酒店项目，有如喜来登、希尔顿、洲际智选假日、亚朵、花间堂、瓦舍、美豪、隐居等几百个酒店民宿空间，也有如熊猫精酿、奇境、良子、权金城等新消费空间，也曾服务如海航、阳光100、万科、云南城投、四川能投等大型企业。多彩投一直坚信要做"全球最大的空间投资平台"。

参考文献

[1] 宋磊,姚光敏,涂涛.众筹可以这样玩.重庆:重庆出版社,2015.
[2] 舒元,郑贵辉,耿雪辉,等.众筹之路.广州:中山大学出版社,2015.
[3] 海天.一本书玩转众筹.北京:清华大学出版社,2017.
[4] 多彩投官网. https://www.duocaitou.com/.
[5] 赵耕乾回复雷军:多彩投是谁,多彩投为什么而奋斗? http://www.sohu.com/a/231235274_100110410.
[6] 多彩投的隐藏实力,你跟中国最具影响力投资人眼光一样. http://biz.jrj.com.cn/2017/09/05172123063922.shtml.

第7章 其他类

案例1 电子商务商业帝国：阿里巴巴

1999年3月，马云创建了阿里巴巴，到2013年9月，阿里巴巴赴美上市，整整15年的时间，马云带领他的团队创造了中国互联网企业的奇迹，不管是他的豪言壮语还是阿里巴巴的神速发展，都将成为中国互联网企业的传奇。

一、阿里巴巴诞生记

说起阿里巴巴的兴起，还要从中国黄页说起。1994年，马云在美国西雅图，第一次登录了互联网。初次触电的经历给了马云很大的震撼，他这样说："那是我第一次去美国，第一次摸到键盘和计算机，人生中第一次连上互联网，第一次下决心辞去教职去办公司。"回到杭州后，马云和何一兵创建了中国黄页（China Pages），注册了杭州海博网络咨询服务有限公司，但是中国黄页网站很简单，只是一个企业产品目录，后来与杭州迪佛通讯股份有限公司合并成立了合资公司。这段创业经历给马云的启迪是："大象很难踩死蚂蚁的，只要你躲得好"，"以后我再创办公司时，永远不会控股一家公司"。

1999年，马云又创办了一家叫作"阿里巴巴"的公司，寓意是为中国的中小企业"芝麻开门"，这来源于阿里巴巴和四十大盗的故事。虽然初创的阿里巴巴并不被世人看好，人们认为这样的模式在中国不可能成功，但阿里巴巴却在创立之初定下了伟大的三个企业愿景：把阿里巴巴建成全球十大网站之一；发展成为102年的企业；未来只要是商人就会选择使用阿里巴巴做生意。这些当年遥不可及的梦想，现在看来正在一步步实现。正如马云在演讲时所宣扬的一样："人永远不要忘记自己第一天的梦想，你的梦想是世界上最伟大的事情"。

  2000年，中国互联网遭遇行业泡沫，受到了沉重的打击，很多互联网企业纷纷关门大吉。对于刚刚成立不久、蹒跚学步的阿里巴巴来说，困难是可想而知的。面对市场的严峻考验，阿里巴巴坚持自己的既定战略布局，在当时没有一分钱收入的情况下坚持聚拢人气。当参与者达到一定的数量，量变才有可能引起质变，平台价值才能得以体现，阿里巴巴才能实现质的飞跃，后期的变现才变得水到渠成。2001年，阿里巴巴推出收费的"诚信通"产品和服务，秉着"让有诚信的商人先富起来"的口号，并在2002年年底实现企业盈利。

  2004年12月，支付宝应运而生。当年推出支付宝业务时广受世人争议，对于这个"烧钱"的项目（当时不赚钱还要每年投入2亿元的运营费用），大部分人并不看好。但从后期发展来看，支付宝解决的是当时中国互联网支付问题，对阿里巴巴的发展来说是不可或缺的"重头戏"。有了支付宝这种第三方担保形式的平台，消费者在阿里巴巴消费时，支付的金额是先汇聚到支付宝，而没有直接到卖家手里，只有在收到货物并确认收货后，钱才会到卖家账户。其实，支付宝不仅解决了网络支付问题，也间接解决了买卖双方因为信用体系不完善导致客户不敢购买的信任问题，并实现了消费者和商家的信用评价（后期推出的"芝麻信用"）。

  2007年11月，马云成立了阿里妈妈。简单来说，阿里妈妈就是一个营销联盟，商家通过阿里妈妈来获取流量，推广产品。再直接一点，阿里妈妈就是一个广告平台，在阿里妈妈上双方交易的是广告。很多网站、博客等可以通过出售广告位来获取广告收益。一方面，商家可以通过阿里妈妈搭建的平台来投放自己的商品广告，增加店铺流量，最终促成交易；另一方面，一些站长、网站，甚至个人空间、博客、QQ群等，都可以通过阿里妈妈这个平台增加广告收入，促使这些网站良性发展。因此，秉承"让天下没有难做的营销"理念的阿里妈妈，是一个大的营销平台，实现消费者与商家的营销互动。

2013年5月28日，菜鸟物流成立。本着专注于物流网络的平台服务宗旨，以建设智慧物流为目标，阿里巴巴集团、中国银泰投资有限公司、复星集团、富春控股集团、顺丰速运、"三通一达"（申通、圆通、中通、韵达快递）、宅急送、百世汇通等共同组建了菜鸟物流。目前，全球智慧物流网络已经覆盖224个国家和地区，为了解决乡镇快递"最后一公里"的问题，菜鸟物流合作的物流企业深入到了中国2900多个区县，其中1000多个区县的消费者可以体验到当日达和次日达的极致配送。在2017年全球智慧物流峰会上，马云曾经预言，中国很快会面临一天10亿个包裹的挑战，虽然当时很多人认为那是痴人说梦、天方夜谭，但在2018年"双十一"期间，2018年11月11日23点18分09秒，天猫"双十一"当日物流订单量突破10亿大关，强劲宣告中国快递进入一天10亿的新时代，马云的预言成真。天猫"双十一"十年间，物流订单从26万增长了3800多倍，突破10亿大关。菜鸟物流所倡导的智慧、协同、绿色、面向全球化的智能物流骨干网正在一步步实现。

2014年9月，阿里巴巴赴美上市。上市是众多公司发展过程中企业全球化的重要一步。2014年9月19日，阿里巴巴在美国纽约证券交易所上市，并以93.89美元收盘，获得216亿美元融资，成为美国股票历史上融资最多的上市公司，也给阿里巴巴发展提供了强大的资金后盾支持。阿里巴巴的上市，是其发展历程中最重要的一步，通过本次上市操作，阿里巴巴既获得了丰厚的国际资本支持，又提高了其知名度，为其全球化经营战略完美铺路，是阿里巴巴顺利开疆拓路发展的奠基石。值得肯定的是，阿里巴巴在美上市后，并没有像很多人预期的那样在全球全面扩张，而是继续以电商业务为主、其他业务（如互联网金融）为辅来稳扎稳打全球市场。阿里巴巴在国际上的主要竞争对手还是亚马逊和eBay，他们的国际化程度和现代化程度都是阿里巴巴在国际化道路上学习的榜样和前辈，取长补短，一步一个脚印踏实地走下去，阿里巴巴才能取得更令世人瞩目的成果。

二、阿里巴巴的企业文化和价值观

对于一个企业来说，企业文化到底有多重要？美国当代经济学家莱斯特这样描述企业文化的重要性："21世纪的企业竞争将在一定程度上取决于文化力的较量，没有强有力的企业文化支撑的企业将会失去发展所必需的营养，企业发展就会面临困境。"美国管理学大师劳伦斯·米勒在其著作《美国企业精神》中说:"未来将是全球竞争的时代,这种时代能成功的公司,将是采用新企业文化的公司。"海尔的张瑞敏更是直言不讳:"企业发展的灵魂是企业文化,而企业文化最核心的内容应该是价值观。"

在马云的采访和演讲中,金句频出,无不渗透着阿里巴巴经营理念的深邃精神、优秀的企业文化和让人叹服的核心价值观。

自谦脑子不够聪明的马云却有着神奇的个人魅力和过人胆识,是个天生的演说家,甚至被员工传奇地称他有"魔力"。马云经常不准备演讲稿,喜欢即兴演讲。虽然立意和核心内容不会有太大的变化,但每一次演讲都会根据环境和气氛,变得有新意,并频出金句。

坚持梦想是马云和阿里巴巴最认可的文化理念之一。马云有一段很精彩的演讲:"今天很残酷,明天更残酷,后天会很美好,但绝大部分人都死在明天晚上,却看不到后天的太阳,所以我们干什么都要坚持!"所以,坚持梦想是阿里巴巴最重要的动力和企业文化。"梦想还是要有的,万一实现了呢?"这一既诙谐幽默又映射人生道理的金句曾被很多正在奋斗的人高挂在墙上,作为警示名言。"永远不要跟别人比幸运,我从来没想过我比别人幸运,我也许比他们更有毅力,在最困难的时候,他们熬不住了,我可以多熬一秒钟、两秒钟。"——这句话出现在了马云的演讲中,说明了坚持的重要性。2000年互联网泡沫,阿里巴巴靠的是坚持,与eBay大战靠的是坚持,2007年11月阿里巴巴网络有限公司在我国香港交易所上市,到2013年9月阿里巴巴赴美上市靠的也是坚持。

"客户第一、员工第二、股东第三",这是阿里巴巴的经营理念。客户之所以被排在了第一的重要位置,是因为马云和阿里巴巴深知客户对阿里巴巴的重要性,客户是指阿里巴巴安身立命的众多中小企业和买方,也是淘宝、天猫上活跃的6亿多名消费者。

员工虽然被排在了第二的位置,但马云有绝对的人格魅力激励自己的员工。蔡崇信直言不讳地说:"阿里巴巴中的有些人已经跟了马云好多年了,就像是马云的门徒一般。"另外,阿里巴巴的员工大部分都是80后、90后甚至00后,他们叛逆却有激情、以自我为中心却怀揣梦想,马云喜欢把企业面临的挑战和困难赤裸裸地告诉员工。当然,阿里巴巴基地也给员工提供了足够的休闲娱乐和健身设施。阿里巴巴企业内部到处写着企业文化,有美味的自助食堂,还有书吧、健身房、理疗室、舞蹈室等。

排在第三位的是股东,阿里巴巴早期的投资者实际上获利丰厚。阿里巴巴有着"坚持要做102年企业"的鸿鹄之志，不希望短期盈利和股东的利益压力干扰企业的发展和梦想。马云曾经在一次演讲中说："创办一个企业时千万不要想到要融资，这样你永远办不好一个公司。钱只不过是一个惊喜，你不要天天盼着别人来投资，任何一个投资者发现你追着他的时候都会逃得比你快。所以，我希望很多办中小型网站和中小型企业的人，可以自己先做好，之后才会有投资者找上门来。"从马云的话语中体现出他对投资者的态度可见一斑。投资者愿意给企业投资，是因为看好了企业的发展潜力和后期的丰厚回报，但从另一个角度讲，企业也要坚持自己的发展方向和目标，不能轻易被投资者左右，尤其是不能轻易改变企业战略（见表7-1）。

表7-1 阿里巴巴融资过程一览表

融资轮次	时间	融资金额	主要参与方
A轮	1999年10月	500万美元	高盛集团、新加坡汇业基金管理有限公司（Transpac Capital）、瑞典银瑞达集团（Investor AB）、新加坡政府科技发展基金
B轮	2000年	2500万美元	软银集团、富达投资集团、新加坡汇业基金管理有限公司、TDF、Investor AB、日本亚洲投资有限公司
C轮	2004年	8200万美元	软银集团、富达投资集团、TDF和纪源资本（GGV）
D轮	2005年8月	10亿美元	雅虎
E轮	2007年11月	15亿美元	中国香港联交所主板挂牌上市，市值约合88亿美元
F轮	2011年	20亿美元	美国银湖资本、俄罗斯DST、新加坡淡马锡以及中国的云峰基金
G轮	2012年	约43亿美元	中投公司、中信资本、博裕资本、国开金融、银湖资本、DST、淡马锡
H轮	2014年9月	220亿美元	赴美上市，当时市值约2300亿美元

阿里巴巴的价值观始终体现了阿里巴巴的企业文化精髓，被称为"六脉神剑"，在1688网站上，有着很清晰地表述：客户第一、团队合作、拥抱变化、诚信、激情、敬业（见图7-1）。

图7-1　阿里巴巴的价值观

三、阿里巴巴的"唐僧团队"

对于阿里巴巴优秀的团队，马云这样描述："我比较喜欢'唐僧团队'，而不喜欢'刘备团队'。因为'刘备团队'太完美，而'唐僧团队'是非常普通的，但它是天下最好的创业团队。"（见图7-2）

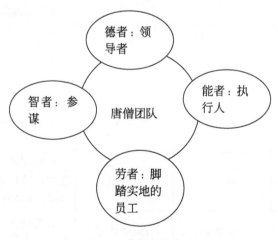

图7-2　唐僧团队角色

唐僧团队中的领导者是"唐僧",他是整个团队的领路人、是道德的践行者。他目标坚定、有远大理想、无私奉献。虽然他不像徒儿们一样能降妖伏魔,但他能为团队制订一个坚定的目标和理想,带领大家坚定不移地去实现团队的目标。他奖罚分明,关心团队成员,以德服人是团队成员心服口服的领袖人物。

"孙悟空",优秀、本领大、执行力强,是团队中降妖伏魔的主力军。所以,他担当着唐僧团队中"能者"的角色。但他的缺点也显而易见:容易冲动、感情用事、天性顽皮、有话直说等。还好有师傅"唐僧"以念紧箍咒来拿捏住他。"孙悟空"在一个企业里可以是经理,但不能担当CEO,虽然其本领强、智商高,但性格方面使其难担当指挥大任。

"猪八戒""沙和尚""白龙马"是团队的成员,虽不在领导岗位,但不可或缺,而且性格不同,扛起的职责也就不同。"猪八戒"是团队的开心果,在现代社会就是一个团队的"活宝",在压力巨大的情况下,"猪八戒"式的员工绝对是一个减压的"活宝"。

在唐僧团队中,猪八戒是一个智者的角色,团队大多数情况下都会派他去化缘,而且大部分情况下都能化到缘,这也从侧面说明了他的智慧。而且唐僧和孙悟空发生冲突时,猪八戒还往往充当和事佬的角色。

"沙和尚"和"白龙马"是劳者,他们对老板忠心耿耿,是现代社会中所谓的领导"心腹",虽然能力确实一般,但忠诚和任劳任怨就是其最大的法宝。

四、阿里巴巴的跨境之路

阿里巴巴国际业务是阿里巴巴集团主要业务之一,主要协助全球的中小企业扩展海外市场,目前是全球领先的英语全球批发交易平台。阿里巴巴国际交易市场上的买家目前分布在200多个国家和地区,从事进出口贸易的代理商、批发商、零售商和中小企业是其主要客户。2018年的第一季度,阿里巴巴国际零售业务收入达43.16亿元,同比增长64%。与此同时,8300万名活跃的海外买家和11%国际营收占比证明了阿里巴巴已经系统地进入了国际市场。除了英语平台以外,为了满足其他语种国家中小企业的需求,阿里巴巴国际业务还开设了西班牙语站点、葡萄牙语站点、德语站点、法语站点、意大利语站点、印度语站点、俄语站点、韩语站点、日语站点、阿拉伯语站点、泰语站点、土耳其语站点、荷兰语站点、越南语站点、印度尼西亚语站点、希伯来语站点共十七个不同语言站点，满足了不同语言国家和地区商人网上交易的需求。

对于走国际化道路，阿里巴巴坚定不移，频频出招。墨守成规、守株待兔从来不是阿里巴巴的风格，它就像一只豹子，时刻准备着主动出击，随时准备扑向猎物。阿里巴巴国际化之路，以重拳出击抢占世界市场份额。

第一，天猫国际。天猫国际是阿里巴巴重拳做海外生意的重要一步，目前已经是阿里巴巴全球化新零售主阵地。2018年覆盖63个国家、拥有14500个国际品牌、3700多种品类、在17个国家设有地区馆的强大数据，让人眼前一亮。

天猫国际既能让国内消费者不出国门就享受到海外优质产品和服务，又是海外品牌进入中国市场的第一通道。作为全球化新零售的试验场，天猫国际已经在跨境进口电商领域获得多项第一：它不但是中国进口消费者的首选，更是首个走通生鲜、红酒、宠物食品等新品类的跨境电商平台、首个与跨境电子商务国家监测中心建立合作并实现区块链跨境溯源的平台。海外购市场的异常活跃，是我国消费者消费习惯转变的表现，也是消费者对商品品质、品类追求提升的必然结果。

2018年年底，天猫国际对外公布了未来3年发展计划：布局新增试点城市，在原先100万平方米保税仓的基础上继续扩展，3年内达到20个保税仓及10个海外仓，以支撑海外6大采购中心的商品输出。

国际品牌通过天猫国际走进来之路基本理顺，但马云要实现的是"全球买、全球卖"的宏伟目标，那么，天猫国际如何走"走出去"之路呢？天猫国际的国际化之路还将不断探索。

第二，阿里巴巴投资国外企业（见表7-2）。2019年2月，阿里巴巴投资的总部位于印度诺伊达的短视频分析初创公司Vidooly，据透露投资额在200万美元左右。另外，阿里巴巴在国际金融领域的开疆扩土也可圈可点，2019年2月，阿里巴巴旗下的蚂蚁金服宣布收购英国跨境支付公司万里汇WorldFirst，为未来在全球推进普惠金融服务铺路。阿里巴巴旗下的淘宝中国入股哔哩哔哩，持股比例达到8%左右。

未来，阿里巴巴在国际化进程中会遇到不断涌现出来的问题。阿里巴巴要在全面了解对手的情况下，坚定走自己的路。阿里巴巴作为全球领先的B2B平台，继续让天下没有难做的生意！

表7-2 近几年阿里巴巴部分国外投资列表

时间	投资事件	投资力度
2016年	投资Lazada（来赞达）	10亿美元
2017年	投资Lazada	10亿美元
2018年	投资Lazada	20亿美元
2018年	投资Tokopedia	11亿美元
2018年	投资巴基斯坦电商Daraz	收购
2018年	在泰国建设物流中心	3.5亿美元
2019年	投资德国的Data Artisans	6.95亿元人民币
2019年	投资Vidooly	200万美元
2019年	投资WorldFirst	收购
2019年	投资印度BigBasket	5000万美元
2019年	拟在比利时建设物流中心	5.79亿元人民币

参考文献

[1] 阿里巴巴官网. https://www.1688.com/.
[2] 陈卫中. 互联网+阿里巴巴：如何才能决胜未来. 北京：人民邮电出版社，2015.
[3] 邓肯·克拉拉. 阿里巴巴：马云和他的102年梦想. 北京：中信出版集团，2016.
[4] 阿里巴巴集团. 马云：未来已来. 北京：红旗出版社，2017.
[5] 网经社. 天猫国际开启未来三年新战略，将服务1亿新中产. http://www.100ec.cn/detail--6465767.html. 2018.08.16.

案例2 会讲故事的生鲜电商平台：本来生活

在"互联网+"发展一片大好的形势下，生鲜电商市场在我国发展迅速，近几年更是一路高歌，发展势头良好。其中，2005年，易果网成立，标志着我国生鲜类电商时代的到来；2009—2015年，涌现出大量的生鲜类电商企业，2015年成立的生鲜电商企业达到历史最高值；2016—2017年市场迎来洗牌期，大量中小型生鲜电商或倒闭或被并购，市场一度怀疑生鲜类电商的运营模式；2016年起，阿里巴巴、京东等巨头入局，加之物联网技术、冷链技术等的快速发展，资本开始向生鲜电商行业的龙头企业集中，生鲜电商市场有无限活力。

本来生活是一家互联网领域的新生力量，它成立于2012年7月17日，虽然年轻但风头正旺，2016—2018年销售额年均增长超过300%。它是中国生鲜零售的开拓者和领导者，实现了中国农业电子商务"从田间到餐桌"的零售环节生鲜类交易模式。

这家由喻华峰在北京创建的生鲜类电子商务平台，执着于食品安全，关注着老百姓餐桌上的食物，享用安全食品是一种基本权利。作为垂直类生鲜电商平台，本来生活为消费者提供种类丰富的食品，包括水果、蔬菜、肉禽、水产、熟食、粮油、零食、酒水等，冷链配送覆盖全国109个城市，常温配送分布550多个城市。

一、"褚橙进京"事件一炮走红

褚橙是指由褚时健栽培于云南的冰糖橙，属甜橙类，本是普通的橙子，却有着不平凡的经历。说其普通，因其只是一种水果，产自云南，以鲜、爽、甘、甜、可口诱人著称。

天下水果千千万，论外表，它并不是天生丽质、姹紫嫣红；论味道，它也没有秀色可餐到让人垂涎三尺；论营销价值，它更算不上价值连城、奇珍异宝。但，就是这个普通的云南褚橙，它却演绎了不平凡的传奇。

要说起褚橙的不平凡，必须感谢善于"讲故事"的本来生活。在这个故事中本来生活特别酝酿了三点。

第一点，励志的褚时健种褚橙。褚时健，红塔集团原董事长，被世人誉为"中国烟草大王"。在褚时健效力云南红塔集团的18年中，为国家创造的利税高达991亿元，加上红塔山预估的品牌价值突破400亿元。

2012年7月，本来生活还没上线时就已经策划褚橙之事。本来生活的员工，一位有20多年农业经验的高层认识褚时健的外孙女婿李亚鑫，很快两人取得了联系。正好褚时健也在找云南外的市场，双方一拍即合。10月27日第一篇报道出炉——《褚橙进京》,写了85岁褚时健汗衫上的泥点、嫁接电商、新农业模式……该媒体官方微博发了文章后被转发7000多次。这篇酝酿稿离本来生活发售褚橙还有一周的时间。

第二点,褚橙变身为励志橙。11月5日凌晨褚橙在本来生活网正式发售,效果出奇的好。据本来生活发布的数据称,前5分钟800箱被抢购,当天共卖出了1500箱。王石、潘石屹、梁冬、杨锦麟等一些知名人士纷纷发微博为褚橙捧场,"品褚橙,任平生"成为贴在褚橙上的励志标签。双十一后的第二天,也就是11月12日,褚橙大卖。12日早上,QQ弹窗忽然弹出了"励志橙"的消息。本来生活网的网站流量瞬间激增,销量也瞬间增加。褚橙的卖点已变成"励志橙",本来生活销售的褚橙单日订单量超过了1000单。早在11月5日,褚橙从就云南运送到北京售卖,5天时间里,20吨褚橙售罄。本来生活联合创始人胡海卿后来回忆说:"当时微博上大家都在回忆褚老的故事,觉得吃橙子很励志。"12日后,励志橙催人励志的效果持续发酵。"这哪是吃橙,是品人生""品褚橙,任平生"……不光在微博上,在一些公司活动、媒体年会、企业家俱乐部,都能看到褚橙的身影。很多企业家都发表吃橙感言。"我吃这个橙子时,立刻想到的是我应该给褚时健写封信表示感谢,"柳传志对《商业周刊/中文版》说,他曾跟褚时健同台领过奖。由此,第二阶段褚橙变励志橙的效果彰显无遗。

第三点,借力名人微博助推。一方面,在传统媒体发稿,《经济观察报》上刊登有关"褚时健与其褚橙"的励志传奇故事,赚足了线下眼球。另一方面,《褚橙进京》通过微博转载将这种影响进一步扩大,柳传志、徐小平等名人微博纷纷转发。

本来生活用讲传奇故事的形式引爆了褚橙,成为实现电商"爆品"的样板。《商业周刊/中文版》分析说,这是因为褚橙应了美国专栏作家马尔科姆·格拉德威尔在《引爆点》(*Tipping Point*)中提炼的三个条件:"个别人物法则、附着力因素和环境威力法则",即某些意见领袖或社交天才参与传播有感染力的信息,而这则信息正好符合了当时的社会需要,流行就会形成。

二、"买手"成故事大王

所谓"买手",是一种职业,起源于20世纪60年代的欧洲。按照MBA智库百科的解释，买手是指往返于世界各地，常常关注各种信息，掌握大批量的信息和订单，不停地和各种供应商联系，并且组织一些货源，满足各种消费者不同的需求的人。

本来生活的商品采购实行"买手制"，192位买手遍布全球上百个国家，他们严守苛刻的采购原则，深入原产地，精挑细选，剔除冗余的中间环节，真正实现了食品"从田间到餐桌"一键直达的鲜活品质，为无数家庭用户和零售端提供产地直供的正宗、地道好食材。本来生活的买手与时尚圈的买手不相同的地方是，他们不仅要采购农产品，还要讲故事，把寻找产品的过程和发生的事情记录下来，以此来吸引消费者的眼光。

本来生活由几位前媒体人创办的，而非技术人员，他们深知媒体的影响力。本来生活的买手就像记者，深挖接触到的农产品背后的故事，上报给运营层人员，每周再开会从报上来的产品中进行选品，集体讨论后大家认可的农产品就会被列入买手的采购清单。

"本来生活李玉双有机稻花香"就在商品介绍里郑重介绍了李玉双其人以及如何种大米的故事。这种趣味故事和互动的参与感，给消费者带来产品的同时，也传递了一种精神食粮。

作为最早推出"买手"制的生鲜电商平台，本来生活对产品更能做到从源头上了解。买手们在全世界探寻，亲身去到产地，和生产农产品的生产者交谈，自然更能从产品中品味出更多的不同。将产品的故事写入商品详情中，让消费者能够立体感受食物的生产过程，也更认同本来生活的定位——中国家庭的优质食品购买平台。

除了本来生活网站，本来生活App也是力推的重点。进入APP后，很多产品充斥眼前。电脑端和移动端双管齐下，本来生活离实现全球食品"从田头到餐桌"的目标更近一步。

三、生鲜市场竞争白热化

互联网巨头纷纷入驻生鲜电商，使得曾被称为"电商领域最后一片蓝海"的生鲜电商行业竞争变得白热化。由于冷链技术、盈利难等问题所在，一批平台倒闭或转型，使得未来的行业布局更加不明朗。据电子商务研究中心监测显示，2018年上半年生鲜电商交易规模为1051.6亿元，较2017年上半年增长了851.4亿元，同比增长23.5%。对话未来，生鲜电商机会与竞争同在。

生鲜电商因其自身特点，并不好做。第一，生鲜产品的冷链物流、仓储和供应链管理成本居高不下。由于生鲜电商对商品物流配送中的保鲜度要求极高，生鲜产品要求从产地到终端配送全部严格处于冷链条件下，过长时间的配送必将带来攀高的损耗率，这便对冷链配送网络提出了更高的要求。与之对应的便是配送成本增加，分摊到产品上致使生鲜产品失去市场竞争力，前置式物流是否能最终有效解决生鲜物流问题还有待考证。第二，国内生鲜利率较低，盈利能力较差。有数据显示，国内4000多家生鲜电商企业中，仅有4%的企业实现收支平衡，超过95%入不敷出，大约1%能实现盈利。美国的Amazon Fresh依靠销售利润和Amazon Prime服务来盈利，其中，Amazon Prime服务是指包年增值服务，类似于京东的会员费。中国生鲜平台的盈利模式还有待探索和挖掘。

虽然生鲜电商不好做，但互联网巨鳄们却还是要在这一领域分一杯羹，纷纷入股各大生鲜电商平台（见表7-3）。

表7-3 电商巨头入股的生鲜平台

电商巨头	生鲜平台
阿里巴巴	盒马鲜生、易果生鲜、天猫生鲜、安鲜达、喵鲜生、淘乡甜、大润发优鲜等
腾讯	每日优鲜、每日优鲜便利购、掌鱼生鲜、苏鲜生（苏宁推出）、超级物种、天天果园等
京东	京东生鲜、京东到家、7FRESH、天天果园等

阿里巴巴旗下的盒马鲜生无疑是中国新零售产业中的佼佼者，一时间盒马鲜生风头正劲，成了新零售的宠儿，在很多生鲜电商指标排名中名列前茅（如粉丝活跃度等）。除了手机App外，客户也可以到盒马鲜生线下店体验一站式购物的乐趣，现在，在全国一、二线城市都有着盒马鲜生的身影。而盒马鲜生最大的特点之一就是快速配送：门店附近3公里范围内，30分钟送货上门。2019年2月最后一天，盒马鲜生门店不再提供塑料购物袋的新闻受到大家赞赏，仅2月28日一天，就将有超过60万的消费者响应盒马鲜生的倡议。这种符合趋势又能传播正能量，还能新闻味十足的事件，为盒马鲜生赚足了消费者的眼球。

2015年，腾讯投资每日优鲜，是其布局生鲜电商的重要一步。成立于2014年11月的每日优鲜，是一家移动生鲜电商平台。依靠其"城市分选中心+社区前置仓"的极速达冷链物流体系，极大提高了食品的配送速度和质量，能为用户提供自营全品类精选生鲜1小时送达的较高标准服务。前置仓是每日优鲜引以为豪的特点，从运营效果、行业认可和效仿来看，前置仓已成为生鲜电商所要比拼的重头戏之一，天天果园、易果生鲜、百果园等生鲜电商平台都在前置仓运营上下足了功夫，到底谁会把前置仓模式做得更加精细化、效率更高、成本更低，让我们拭目以待。

7FRESH是京东的一员大将，它的定位是"线上和线下一体化生鲜超市"。虽然7FRESH是京东的线下超市，但它同样可以在线上下单的手机APP，能享受到最快30分钟的上门送达服务。结合线上的京东生鲜和京东到家，以及强大的京东物流配送体系，7FRESH的未来发展不容小觑。

俗话说得好，背靠大树好乘凉。阿里巴巴、腾讯和京东的生鲜平台，依靠强大的背景，至少在资金和技术上会挺直腰杆。相对于他们，本来生活的融资之路就略显薄弱了（见表7-4）。

表7-4 本来生活融资列表

融资轮次	时间	投资方	金额
A轮	2013年1月	鼎晖投资、高榕资本	数千万美元
B轮	2015年1月	高榕资本	数千万美元
C轮、C+轮	2016年5月	中城联盟投资、上海南都、信中利资本、九阳股份、鼎晖投资、富厚投资	1.17亿美元

生鲜电商这片还未完全开发的海洋里，未来谁主沉浮，还真不好说，但巨头的入局让这场排位之争变数更大。有一点毋庸置疑，生鲜电商未来不应该赢在低价上，而应该赢在品质和服务上。

参考文献

[1] 本来生活官网. https://www.benlai.com/.

[2] 桂杰."褚橙"进京记.中国青年报.2012.
[3] 电子商务研究中心.http://www.100ec.cn/zt/introduction/.
[4] 李学工,齐美丽.生鲜电商冷链物流的成本控制研究.农业经济与管理,2016,(4).
[5] 百度百科.https://baike.baidu.com/.